多文化共創社会への
33の提言

気づき愛
Global Awareness

編集代表者　川村千鶴子

共編者　明石留美子、阿部治子
加藤丈太郎、マハルザン・ラビ
万城目正雄、李錦純

都政新報社

はじめに

日本から多文化共創への「気づき愛」の連鎖を！

グローバルな人の移動は、地域社会に多文化の種をまいてくれる。越境する人々は新天地で新しい種をまき、やがて萌芽し、固いつぼみをつけるようになる。そして多言語・多文化社会に変容し、多元価値社会の花を咲かせるといったポジティヴなメタファー（比喩）が生まれた。文化（culture）がラテン語のcultura（耕作・育成）に由来して地域に多文化の土壌を耕しているイメージも生まれた。

他方で、人の移動の加速化は安価な労働力として扱われたり、差別意識や偏見を生み出してきた。そのため人権擁護の視点が重視されてきたが、さらに悲しいかな、現在、グローバルな人の移動が地球規模の新型コロナウイルスの感染拡大をもたらした。

人類が直面したパンデミックによって、私たちは国民国家を超える情報の共有と協働・共創の大切さを痛切に感じる日々を送っている。これまで隠れていたグローバル資本主義のひずみや法的な不備も鮮明になり、様々な人の出入国が制限され、格差が加速する一方、人権を大切にし、環境に配慮する生活スタイルが定着した。長い自粛の時空を共有しつつ、多文化な路地裏が恋しくなる。

「多文化」とは、様々な「差異の承認」である。

多文化共創社会とは、単に文化的多様性を尊重するだけではない。日本人の多様性にも照射し、人間の安全保障を基礎として、身体的条件、社会階級、ジェンダー、ＬＧＢＴＱ、高齢者、留学生、技能実習生、特定技能外国人、移民家族、難民、無国籍者など多様な人々との「気づき愛」（Global Awareness）の社会を示している。国籍が違っても、単に支援される「客体」ではなく、自立する責任ある実質的市民としてより主体的に参画する多文化共創社会の実現が、社会統合政策の鍵を握ると思われる。

本書は、長い歴史と鋭い問題意識をもつ都政新報社（１９５０年創刊）編集部から、２０２０年7月から10月にかけて「共生協働のヒント～多文化共創社会へ」をテーマに30回連載をご依頼いただいたことから始まる。寄稿させていただいたことを深謝したい。

執筆者は、「多文化社会研究会（通称Ｔａｂｕｎｋａｋｅｎ）」の会員である。外国人集住地域に様々な問題が多発した80年代、トランスナショナルな感覚をもつ人びとが集まって自主的勉強会が開かれ、入管法改正が行われた１９８９年に創設された。多文化研では、留学生・移民・難民・無国籍者などの当事者と経営学、経済学、法律、医療・介護、夜間中学、メディア論などに精通する実践研究者、ジャーナリスト、作家、企業経営者、ＮＰＯ代表者、自治体職員らが多文化共創フォーラムを開催してきた。

設立から32年が経過し、行政サービスが十分届かない人々や遠隔地の人々も視野に入れており、ＳＤＧｓ（持続可能な開発目標）の目標とも通じる。在日コリアン、中国残留孤児、非正規労働者、非正規滞在者、難民申請者、無国籍者の人権にも照射し、国際法と国内法への理解を深めてきた。少子高齢化による経済社会構造の変容は激しく、コロナ禍と経済の衰退期にあって移民・難民との協働に新たな共創価値が生まれていることを肌に感じている（ウェブサイト参照 https://tabunkaken.com）。

豊富な海外体験をもち、多文化共創をライフワークとする実践者と学際的な研究者が、コロナ禍で多文化社会を再考した。本書は、「気づき愛」から生まれた日本社会への心を込めた提言集である。示唆的な提言を誰にでも分かりやすい簡潔な文章でお伝えしたい。不断の実践と多文化共創への気づき愛の連鎖が、やがて世界に連鎖することになれば、共著者全員の望外の喜びである。

最新データを駆使して統計グラフを作成し、関連適所に重要資料を掲載した。「移住の国際動向」「在留資格一覧」、出入国在留管理に係る年表、「在留外国人の人口動向」、関係法令などを参考にして自由かつ達な議論を期待したい。企業内研修、大学、医療機関、自治体研修など、多様な学びのプラットホームにご活用いただけると幸いである。

日本には外国にルーツをもつ人々の基礎データがないことにも気づいていただきたい。

激動する世界情勢の最中、多文化共創社会の実現に向けた本書に読者の忌憚のない疑問点やご感想をいただけると更なる対話が生まれる。そして誰もが、日々の気づき愛（Global Awareness）を記録し、多文化共創の歴史を残し、幸せな未来を展望していただけると幸いである。

２０２１年　気づき愛の時代へ

編集代表者　川村千鶴子

共編者　明石留美子、阿部治子、加藤丈太郎

マハルザン・ラビ、万城目正雄、李錦純

多文化共創社会への33の提言

気づき愛

目次

目 次

第I部

共創社会の有効性

0.1

「気づき愛」の連鎖と多文化共創社会の実現

川村 千鶴子（かわむら ちずこ）

大東文化大学名誉教授。博士（学術）。多文化社会研究会理事長。NPO法人太平洋協力機構顧問。東アジア経営学会国際連合産業部会。移民政策学会。単著『多文化都市・新宿の創造』、共編著『多文化「共創」社会入門』、編著『いのちに国境はない』慶応義塾大学出版会。編著『異文化間介護と多文化共生』『移民政策へのアプローチ』『多文化社会の教育課題』明石書店。『インタラクティブ・ゼミナール新しい多文化社会論』東海大学出版部ほか多数。

提言

日本から多文化共創社会へのビジョンを発信しよう。国勢調査で外国にルーツをもつ人の基礎データを取り、透明性ある制度的インフラの整備が不可欠である。なぜなら母語教育の重要性、無国籍者・庇護申請者への支援、難民二世への国籍付与など課題は山積しているからである。データを分析し、多文化家族の変容を捉え、基礎教育と情報の共有、医療と就労機会へのアクセスの平等と格差の是正に尽力しよう。「気づき愛」と状況の改善が連鎖し、社会の分断を防ぐことにつながる。

パンデミックが猛威を振るう最中、多文化共創から持続可能な発展を実現する具体的な提言が求められてきた。外国人労働者や難民申請者への人権侵害を単に批判するだけでなく、日本に何が欠落しているのか、どんなインフラ整備が必要なのか、具体的な問題解決案が示されることが少ない。

本書は、自治体、多国籍企業・中小零細企業、大学・高校・日本語学校・専門学校、医療・介護・メディア、外国人コミュニティに対して対話の呼び水となる提言集である。コロナ禍に苦しむ人々との気づき愛から、いかにして多文化共創の社会を実現できるのか、その多面性と相乗効果を把握してみよう。まずは、私の意見から述べてみたい。

1 「多文化」への偏りのない理解と柔軟性

多文化とは「差異の承認」であり、文化には、優劣がない。社会階層、ジェンダー、身体的条件、高齢者、LGBTQ、難民、無国籍者、移民、外国人労働者など不利益を被ることが多い人々とともに生きるための文化である。たとえば、ハワード・ガードナーの人の多様性を積極的に肯定するMI理論（マルティプル・インテリジェンス 1983年）は、7つの知能を紹介した。偏差値重視で、少数の知能だけが高く評価されてきた社会を変えてきた。企業においても従業員の対話力や問題解決能力を評価し、柔軟性のある多元価値社会の在り方を模索させた。この経験から日本社会を見つめなおし、マジョリティ、マイノリティ文化を一つに括らない気遣いが必要なことが分かる。さらに尊厳を傷つける差別用語だけを問題視するのではなく、実は、文脈の中で差別していることが多いことにも気づきを与える。

2 内発的な多文化共創社会の本質とその有効性

多文化共創社会には、多様な文化や価値観を尊重しながらともに暮らし、実質的市民という責任感をもって社会に貢献しようとする内発性がある。異質なもの同士が、お互いの良さに共振する「気づき愛」の蓄積でもある。企業は、利潤の獲得と将来への投資というバランス感覚をもって多様な価値観をもつ従業員との協働の道を拓くことによって、グローバルな視野をもち、ブランドロイヤリティを高め、商品に付加価値を付けるという相乗効果もある。

そもそも共創価値という概念は、経営学において企業と顧客が同じ視点で、連続的に主体的に交流して生まれる価値であり、双方満足と循環的プロセスが強い信頼関係を生み出すと捉えられてきた。筆者は、ダイバシティ・マネジメントとは危機を柔軟に受けとめ、多文化共創の「気づき愛」をベースとする弾力的な経営理念に他ならないと考える。

3 ライフサイクルの視座の有効性

私たち実践研究者は、トランスナショナルな接触領域における共創の実践に着目し、妊娠・出産・育児から学齢期・青年期を経て成人期・老後と弔いに至る人生周期に寄り添う姿勢をもってきた。世代間サイクルにも光を当て、次世代への展望文化の継承にも着目した。中国残留孤児・残留婦人が都内各地に多数住んでおり、三世・四世と歴史を学ぶ集いが継続されている。

歴史を学び、ライフサイクルに寄り添うことによって、高齢化が進み、所得や学習歴格差、健康や情報格差などによる社会の分断にも気づきが及ぶ。特定の民族の尊厳を傷つけるヘイトスピーチやゼノフォビア（外国人嫌悪）も横行するが、「民族的差別撤廃法」などの法規制だけでなく、ライフサイクルの視座は、見えにくい偏見や差別の構造をも可視化し、日本社会を問い直すことを可能にする。

本書の提言は、やさしい日本語や外国にルーツをもつ子どもたちへの対応、母語教室の共創と継続の努力、ヘイトスピーチへの防止対策、無国籍者の人生を浮き彫りにした。難民支援や外国人介護士との協働の道のりには、様々な法的課題が指摘される。しかしながら、技能実習生が地域の一員として産業の担い手として活躍し、留学生が図書館で読み聞かせの社会貢献をするなど責任感と自尊感情を高めている。

このように共創・協働の蓄積と共生コストが、次世代への投資として活かされることが把握できる。国と自治体は、多文化共創政策の理念を明確にし、社会保障財政を再考し、説得力ある施策を展開できる。さらに自民族中心主義によるエスニック・マイノリティへの差別と排除を防ぐことにもつながるだろう。

4　働くというライフステージと人権

さて、日本に在留する196カ国の約300万人の外国人は、コロナ禍でどのような思いで日々を暮らしたのだろう。特に日本で就労している約166万人の外国人にとってコロナの感染や失業を恐れながらの就労に違いない。

労働基準法は「使用者は、労働者の国籍、信条または社会的身分を理由として、賃金、労働時間その他の労働条件について差別的取り扱いをしてはならない」（第3条）と規定している。つまり外国人材の受け入れは、人手不足の解消目標ではなく、これまでの労働環境の改善と定住外国人の実質的な市民権を踏まえた持続可能な共創社会を生み出す。

例えば、多国籍企業は、事業活動を行う国だけでなく、いくつもの国をまたいで経済活動を行うことで市場を拡大させてきた。多国籍企業は人材が必要であり、関わる国の求人市場を共創し、雇用を創出する。途上国にも大きなメリットになる。現地の国へ投資する対外直接投資により、発展途上の経済において必要とされる外貨をもたらし、その国の富を生み出す有効性もある。

中小企業においても外国人材の受け入れに煩雑な書類を提出し、さらなるコストがかかると思われがちだが、新たな発展の道を拓くことも可能である。グローバル資本主義の矛盾、経済不況を乗り越え、文化や宗教の違い、性差、教育・情報・所得の格差への「気づき愛」が新しい発想を生み出す。共創の実践は、失業、廃業、生活困窮者にも希望を与え得る。無国籍者や高齢者の孤立と絶望感のみならず、法の壁、心の壁、格差の断絶に気づかされる。さらに本書では、多文化共創型まちづくりへの挑戦を紹介している。国と自治体は専門の相談窓口を設置してきた。「外国人技能実習機構」「在留外国人支援センター」や「東京都つながり創生財団」

などが安心して相談できる場となるには、庇護申請者や無国籍者のプライバシーを守りつつ相談ができ、実際に問題解決につながることが大事だ。法的整備が整っていることによって、難民を積極的に雇用する企業が増加し、外国人材の受け入れは人手不足の解消ではなく、日本社会を映し出す鏡であり、労働環境の改善と定住外国人の実質的な市民権を踏まえた持続可能な共創・協働社会に変えるチャンスである。

5 日本での思い出は、母国で必ずや伝承される

国、自治体、企業、大学、医療機関、市民セクターにおける協働が、グローバル人材の育成に力を注ぎ、外国人材の責任感、働く者の自尊感情、社会貢献の喜びにつながっていくことを見守りたい。共創社会の地道な努力が、包括的な幸せな社会統合政策につながることを期待したい。社会統合政策は、同化政策ではない。外国人材も自立し、責任を果たしつつ、多様性を活かすケアの実践を伴い、だれもが安心して暮らせる多文化共創社会が土台である。日本で暮らした日々は、生涯の思い出として鮮明に記憶に残り、海外で語り継がれ、子々孫々と伝えられるだろう。

例えば、技能実習生には1万4000人のミャンマーからの実習生が含まれている。2021年2月1日、母国では、軍クーデターによって民主主義が脅かされるという衝撃的な事件を日本で知らされる体験をした。全国から国連大学前や外務省前に約3000人のミャンマー人が集まったという。18歳・19歳の若い世代が目立つ。アイデンティティを確立する時期に、自分の考えを自由に語れることの重要性や民主化とは何かを日本で身をもって体感している。衝撃の記憶は、生涯に大きな影響を与えるであろう。

このように多文化共創コストは、未来への投資である。多文化共創社会とは、単に外国人の支援や文化的多様性を尊重するだけでなく、人間の安全保障を基礎として、障がい者、ひとり親家庭、LGBTQ、高齢者、留学生、技能実習生、特定技能外国人、難民、無国籍者など多様な人びとと共創・協働し、自立する市民として内発的に交流する社会である。

6 地球規模の視座と未来への展望

Global Awareness（気づき愛）の連鎖は、飢えに苦しむ人々にも向けられる。飢餓に苦しむ人の数は約6億9000万人にのぼり、何十億もの人々が栄養を十分に摂取できていない。

パンデミックの影響によって、2020年末までに1億3000万人以上が慢性的な飢餓に陥る恐れがあるという。(2020年版「世界の食料安全保障と栄養の現状」報告書)。

2030年に「飢餓ゼロ」は達成できるだろうか。国連で定めたSDGs(持続可能な開発目標)は達成できるのか。多様な構成員の連携が、持続的な社会の実現に貢献し、人権尊重の社会づくりにつながる。SDGsのゴール8は、経済成長と雇用、移住労働者の権利、安全・安心な労働環境を促進する。ゴール12は、つくる責任・つかう責任。ゴール16は平和と公正、責任ある包摂的な制度の構築など。今や格差の拡大があらわになっているが、多文化共創社会への実践こそが、国際社会に人権と環境を重視するガバナンスの構築に視座を広げられる点で、大きなメリットと有効性がある。

「日本人と外国人」の二項対立から脱却し、日本人の多様性にも光を当ててきた。ジェンダー、エスニシティ、社会階層、世代、宗教、帰属意識、家庭環境、イデオロギーが交錯するハイブリッドなアイデンティティを承認する多元価値社会の実現である。違いをプラスに認めあう社会にあってこそ、国家は、「幸せな社会統合」のビジョンを示すことができる。

今や、移民政策と多文化共創は、あらゆる人のテーマであり、決して他人事ではない。相互ケアを伴う「気づき愛」と内発的意見が未来を拓くことを大いに期待したい。

本書を貫くキーワードは、Co-Creation & Well-being である。

●参考文献

ハワード・ガードナー（松村暢隆・訳）『ＭＩ：個性を生かす多重知能の理論』新曜社　２００１年

川村千鶴子「創造性とは何か―学際的環境が創造性を発揮しうる条件」『環境創造　第２号』大東文化大学環境創造学会２００２年

0.2

多文化共創社会でのウェルビーイングに向けた気づき愛

明石 留美子（あかし るみこ）

明治学院大学 社会学部 社会福祉学科 教授。UNICEFモンロビア事務所（在リベリア）、UNICEF西・中央アフリカ地域事務所（在コートジボワール）、国際協力機構、世界銀行東京事務所で、10年間、開発援助に従事。その後、アメリカニューヨーク州のコロンビア大学大学院でPh.D.（社会福祉学）を取得し、明治学院大学同学部同学科 准教授を経て現職に至る。カリフォルニア大学バークレー校で客員研究員として高齢者福祉の研究にも従事。

提言

外国人に門戸を開きつつある日本で、彼らは単なる労働者でなく、私たち日本人と同様に、家族を大切にしウェルビーイングを希求する生活者であると気づいていこう。

少子高齢化が急速に進み、生産年齢人口（15～64歳）が縮小している日本では、技術革新による業務効率の改善とともに、女性、高齢者、そして外国人の労働市場への参入を推進している。果たして、私たち日本人は、外国にルーツをもつ人々と共生・共創していく意欲をもっているのだろうか。

若い人たちの意識調査

筆者は、2019年と2020年に、大学の社会福祉学科1年生を対象（2019年は115名、2020年は117名）に多文化共生意識を調査した。図1は外国にルーツをもつ人々と共生できるかについて、5段階で質問した結果を示している。両年とも「多くの面でできる」と回答した学生がそれぞれ58・3%、56・0%と最も多かった。「あらゆる面で共生できる」との回答はそれぞれ14・8%、22・4%で、2020年の回答が前年より7・6ポイント上昇したのは、同年のコロナ禍で孤立がちであった経験が他者への気づきに影響したためとも考えられる。両年とも、「ほとんど共生できない」との回答はわずかであったものの、「あらゆる面で共生できる」との回答が4分の1にも満たないことは、筆者にとって驚きである。以上は本調査の一部であるが、こうした結果は、外国にルーツをもつ人々への気づき愛を育み、共に生きる共生社会から共に創る共創社会に発展していくためには努力が必要であることを示唆する。日本では、技能実習生、高度人材職の外国人、留学生などを含め、外国にルーツをもつ人口が増加している。といっても、在留外国人の数は２９３万人で、総人口１億２６１６万人（２０１９年10月）の２・32％にすぎない（法務省出入国管理庁「２０２０年版出入国在留管理」）。経済協力開発機構（Organisation for Economic Co-operation and Development: OECD）は、加盟国の外国生まれの人口割合を発表しており、２０１９年のデータでは、ルクセンブルクの割合が47・３％と最も高く、この国では国民の半数近くが外国生まれであった。ドイツは16・１％、イギリス13・７％、アメリカ13・６％で、韓国と日本でもその割合は増加傾向にあるものの、それぞれ２・４％、２・２％と低い。

外国にルーツをもつ人々も、私たちも生活者

日本では、外国人を受け入れる不安として、日本人の雇用喪失、労働条件の悪化があり、加えて社会保障の負担増、犯罪の増加、治安の悪化が危惧されている。また、民族構成が変化す

図1　大学生の多文化共生意識
（外国にルーツをもつ人々と共生できますか？）

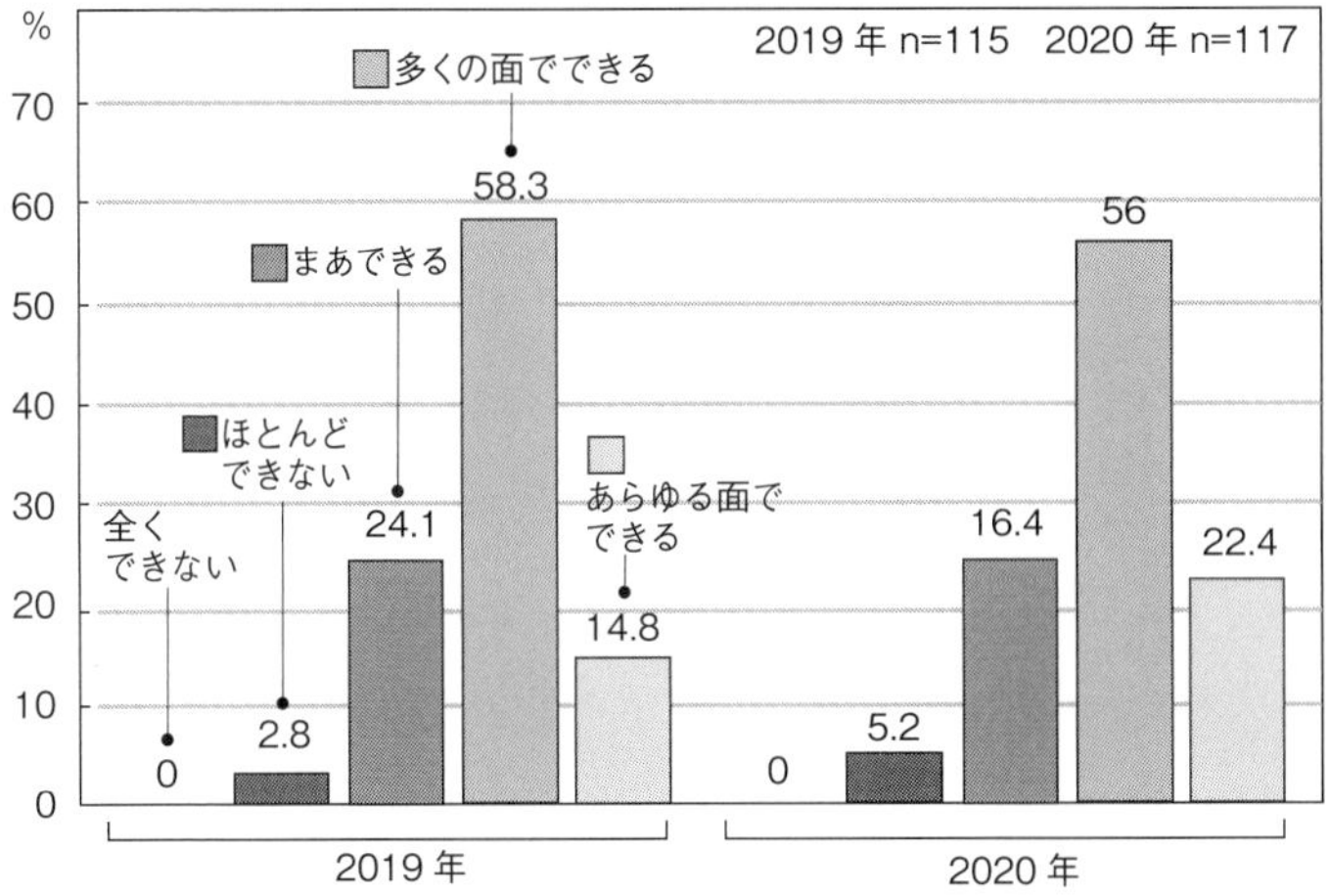

ることで、地域や国民としての統合が失われるとの不安もある。これは、外国人の受け入れによって、日本人の既得権益（権利）が損なわれるという見方である。一方、受け入れ支持の立場では、人々の権利は国籍を問わず擁護されるべきものと捉えられている。

マイノリティへの差別是正に向けて、積極的格差是正措置（アファーマティブ・アクション）という取り組みがある。彼らに一定の機会を提供し社会における機会均等を促進して、差別のない公平な社会を目的としており、日本では男女雇用機会均等法がこれに相当する。アメリカの教育分野では、同措置に基づき、合格定員の一定枠をマイノリティに割り当てるクォータ制を導入している大学がある。

しかし、その一定枠をめぐって増加するアジア系アメリカ人の受験競争が激化し、優秀なアジア系学生が希望の大学に受け入れられない状況がある。アジア系の受験生に一層高い合格基準を課すケースもある。教育格差を是正するはずの措置が、逆差別の弊害を生み出している。

どこの国でも外国にルーツをもつ人々との共生には理念と変革が必要であり、欧米の多民族国家モデルの成功や失敗から、私たちが学ぶことは多い。コロナ禍で解雇や雇い止めに遭えば、日本の非正規労働者も外国からの技能実習生も生活はたちまち困窮する。移民政策も制度も重要だが、私たちと同様に彼らも日本社会の生活者であるという意識をもち、ウェルビーイングを育むことのできる社会を共に創っていこうという気づき愛が大切である。

第II部

共創社会に向けた政策課題

第1章

外国人受入れ政策

1.1

日本における外国人労働者受入れ政策の変遷

万城目　正雄（まんじょうめ　まさお）

【プロフィールは48頁参照】

提言

多文化共創社会を検討する本書において、外国人労働は重要なテーマとなる。日本で就労する外国人の増加は、日本の経済・社会にどのような変化をもたらすことになるのだろうか。地方公共団体や経営者の方々、大学生も日本の外国人労働者受入れ政策の変遷を知り、今後を展望することを提言する。

出入国在留管理庁によると、２０２０年に日本に在留する外国人は約２８９万人（6月末時点）。１９９０年が約１０８万人（12月末時点）であったことを踏まえると、その数は、過去30年間で約3倍へと増加した。ここ数年、特に増加が著しいのは、日本で働く外国人である。厚生労働省「『外国人雇用状況』の届出状況」によると、約１６６万人の外国人が日本で就労している（２０１９年10月末現在）。その数は僅か5年間で倍増する勢いだ。

多文化「共創」社会を検討する本書において、「労働」は重要なテーマとなる。そこで、本稿では、雇用対策の一環として進められてきた日本の外国人労働者受入れ政策の変遷を3つの時期に区分して整理してみよう。

第1は、60年代の日本の高度経済成長期である。労働大臣（当時）が67年の第1次から76年の第3次までの3次にわたる雇用対策基本計画の閣議決定に当たって外国人労働者受入れに関する見解を述べている。閣議口頭了解として示された日本の方針は、産業界からの要望はあるものの、高齢者や女性の就職難への懸念から外国人労働者は受け入れないというものであった。当時は、64年の東京オリンピックを成功裡に終え、年率10％を上回る高い経済成長率を記録していた日本の高度経済成長期である。第二次世界大戦後の経済復興期に、ドイツ、フランスなどの欧州諸国は、多くの外国人労働者を受け入れた。それとは対照的に、日本は、外国人労働力に依存することなく、経済大国への道を歩んだのである。これを可能にしたのは、地方から都市へ、農業部門から工業部門へと移動した日本の若年労働力の存在が挙げられる。「金の卵」と呼ばれた若者が集団就職列車で都市部に向かう姿は日本の高度経済成長期の象徴的な出来事の一つとして語られている。その後、１９７０年代に入ると、二度の石油危機によって経済成長率が鈍化したことにより、日本は外国人労働者の受入れを先送りすることとなった。

第2は80年代後半のバブル経済期である。バブル景気という未曽有の好景気を経験していた日本の労働市場では、賃金が高騰し、深刻な人手不足が発生した。この時期に、アジア、中東等から多くの外国人がバブル景気に沸く日本を目指してきた。しかしながら、日本は、外国人労働者の受入れを認めないという方針を採用していたため、不法就労者となって働く外国人が急増し、これが社会問題へと発展した。こうした情勢を受けて、日本政府は、88年の第6次雇用対策基本計画に、①専門的・技術的分野の外国人の受入れをより積極的に推進するが、②いわゆる単純労働者の受入れについては、日本の経済社会と国民生活に多大な影響を及ぼすこと等から慎重に対応するという方針を明文化した。この方針に基づき、1989年に入管法を大幅に改正し、受入れ要件を明確にした在留資格を整備した。不法就労者を雇用する事業主を取り締まるための不法就労助長罪を新設する一方で、中南米からの日系人、研修生（後の技能実習生）の受入れ拡大も行われた。日本では、89年に改正された入管法によって整備された在留資格制度がベースとなって、現在でも、外国人の出入国管理が行われている。

そして、第3は、12年にスタートした第二次安倍政権によるアベノミクスといわれる経済政策が実施された時期である。この時期にポイント制導入による高度人材の受入れ促進に加え、国家戦略特区による家事支援人材、在留資格「介護」の新設、外国人の技能実習の適正な実施

日本の外国人労働者の推移

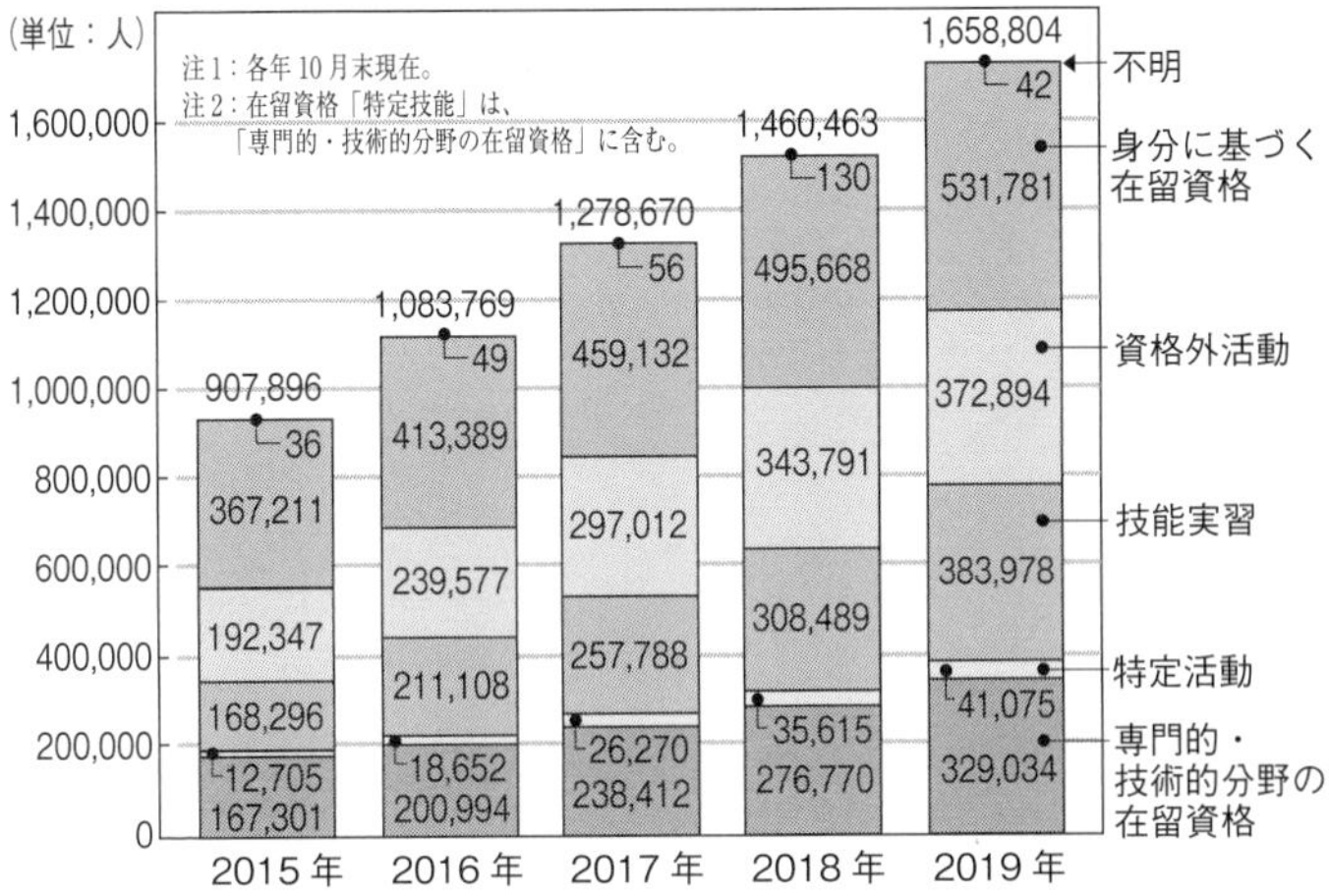

厚生労働省「『外国人雇用状況』の届出状況（2019年10月末現在）」より作成

及び技能実習生の保護に関する法律（技能実習法）が制定されるなど、日本で就労する外国人の受入れ拡大に向けた政策が進められた。さらに、19年4月から、在留資格「特定技能」の新設を柱とする改正入管法が施行され、人手不足が深刻な産業分野（14分野）での受入れがスタートした。

今後、さまざまな在留資格を持った外国人労働者が中長期にわたって日本に在留することが見込まれている。そうすると、外国人も日本人の若者と同様、都市部に移動・転職してしまうのではないか、日本人の賃金・雇用への悪影響があるのではないか、景気の動向によっては失業者や生活保護受給者が増えるのではないか、医療・年金、教育などのコスト負担が増すのではないか、それによって格差の拡大や社会の分断を招くことにつながるのではないかと心配する声もある。これらの課題を解決する処方箋を見つけることは容易ではないかもしれないが、これを成功裡に導くためには、人材育成のビジョンを共有し、長時間労働やサービス残業を伴う雇用管理からの変革を通じて、日本人・外国人がともに働きやすい就労環境を整備し、優秀な人材を確保・育成していくこと、そして、地域社会・地域産業が、内発性をもって、魅力あるものとして発展する姿を描くことが大切となろう。

外国人労働者受入れ政策の変遷を振り返ると、日本は経済情勢にあわせて、制限的・段階的に外国人労働者に対する門戸を開いてきたことがわかる。これからは外国人労働者を単なる労働力需給の数合わせとして捉えるのではなく、日本で就労する外国人との共創を通じて、「内なるグローバル化」がもたらす活力を取り込み、本書のテーマである「気づき愛」と新たな価値創造を通じて、社会の発展に結びつけることができるかが問われている時代を迎えているといえよう。

1.2

非正規滞在者と在留特別許可

――在留特別許可について対象の見直しとさらなる透明化を

加藤 文太郎（かとう じょうたろう）

早稲田大学アジア太平洋研究センター助教。多文化社会研究会理事。NPOでの外国人相談員を経て現職。博士（学術）。専門は移民研究、国際労働移動、国際社会学。フィールドワークに基づき、移民と暮らしやすい社会を日々考えている。「シュエガンゴの会」（146頁参照）でも理事を務める。著書に『多文化共生　人が変わる、社会を変える』（共著、凡人社、2018）など。

提言

非正規滞在者は合法化の道がなければ潜在化する。現行の合法化の手段「在留特別許可」の対象を状況に合わせて見直すべきである。また、「在留特別許可に係るガイドライン」における要素にポイントをつけることでの透明化を提案する。

非正規滞在者・在留特別許可とは

非正規滞在者とは在留資格のない状態で日本に滞在している外国出身者を指す。法務省統計によると日本に「不法残留者」（筆者は「非正規滞在者」と呼ぶ）は２０２０年7月1日現在、８万２６１６人存在する。

在留特別許可とは、法務大臣がその裁量により、非正規滞在者に在留資格を認める行為を指す。在留期限を超過する外国出身者が発生するのは日本に固有の問題ではない。他の先進諸国でも同様の問題が存在してきた。先進諸国では非正規滞在者へのアムネスティ（一斉合法化）が行われてきた。アムネスティとはある一定の基準を決めて、その基準に達する者を一斉に合法化する措置を指す。一方、日本の法務省はアムネスティには消極的で、代わりに在留特別許可を用いてきた。

在留特別許可による合法化の実現

非正規滞在者ならびに在留特別許可が注目されるようになったのは１９８０年代後半以降で

ある〔1970年代までは朝鮮半島出身者への運用がほとんどであった、詳しくは髙谷（2017）を参照〕。バングラデシュ、パキスタン、イラン出身の者（多くは単身の男性）が査証免除協定〔査証（ビザ）なしでパスポートだけで入国が可能〕によって日本に入国し、そのまま日本に留まり、就労した。当時の日本はバブル経済下にあり、彼らは貴重な労働力となった。彼らの中には日本人と交際し、結婚をする者も出てきた。そして、合法化を目指すカップルが現れた。このようなカップルの働きかけにより、日本国籍の者と結婚した者にも在留特別許可が認められるようになった（サーム・関口 2002）。

一方、同国人同士で結婚し、その子どもも幼少期に日本に入国をしている、あるいは日本で子どもが生まれた非正規滞在者家族も存在した。子どもが大きくなるにつれ、非正規（「不法」）のままでは不都合が増え、彼/彼女らも合法化への道を探るようになった。1999年にはイラン人を中心とした非正規滞在者家族が東京入国管理局（当時）に一斉に出頭し、在留特別許可を求めた。「一斉出頭」は朝日新聞が1面で取り上げるなど、社会の関心を集めた。そして、法務大臣は子どもが一定の年齢に達している非正規滞在者家族にも在留特別許可を認めるようになり、家族にも合法化の道が開かれた。

在留特別許可は法務大臣の裁量に基づくため、その中身はベールに包まれていた。しかし、市民団体、研究者等からの要望もあり、２００３年以降「許可された／許可されなかった事例」が公表されるようになった。２００６年10月には「在留特別許可に係るガイドライン」が公表され、２００９年７月の改訂を経て、現在に至る。

在留特別許可における合法化の停滞と現在の問題

２０００年代、在留特別許可についてはその対象が拡大し、また透明化が進んできた。しかし、２０１０年代半ば頃からその運用は停滞し、また問題が目立つようになってきた。２点問題を挙げる。

１つ目の問題は「ガイドライン」の内容と現在日本に存在する非正規滞在者の属性にずれがあり、合法化への道が事実上閉ざされている点である。

法務省は１９９０年以降、「不法残留者」数を公開している。その数は１９９３年に30万人近くとピークに達したが、その後２０１４年まで一貫して減少してきた。しかし、２０１５年以降再び増加に転じた。法務省２０１４年１月統計と２０２０年７月統計を比べると、「技能実習」（＋３４０・２％）、「特定活動」（ここではほとんどが難民認定申請者と推測される）（＋２５０・６

在留資格別「不法残留者」数
（2014年1月1日時点と2020年7月1日時点比較）

在留資格	2014年1月1日	2020年7月1日	増減率
短期滞在	41,403	51,049	＋23.3%
技能実習	2,830	12,457	＋340.2%
特定活動	1,701	5,964	＋250.6%
留学	2,777	5,170	＋86.2%
日本人の配偶者等	3,719	2,621	－29.5%
その他	6,631	5,355	－16.0%
総数	59,061	82,616	＋39.9%

＊法務省出入国在留管理庁統計より筆者作成

%）、「留学」（＋86・2%）において増加率が著しく高い。つまり、非正規滞在者の内訳は大きく変化している。

現行の「ガイドライン」において在留特別許可を与えるにあたって考慮される積極要素は、主に日本人と婚姻関係がある者、子を含む家族で滞在している者、難病に罹患した者を救済する内容となっている。現行のガイドラインでは、増加傾向にある元「技能実習」、元「特定活動」、元「留学」の非正規滞在者は合法化されず、「不法」のまま留まることとなる。

2つ目の問題は運用の不透明さである。「ガイドライン」には積極要素、消極要素が挙げられているが、どの要素がどの程度評価をされて、在留特別許可が認められるのか／認められないのかは明らかにされていない。さらに、弁護士の児玉晃一が担当した非正規滞在者の訴訟では、その過程において、法務省が「ガイドライン」で積極要素として挙げている内容を、消極的に評価していた点が明らかになっている（児玉　２０１８）。

改善に向けての提案

前項で挙げた2点の問題の改善策を提案したい。

1つ目は「ガイドライン」への積極要素の追加である。「ガイドライン」は、２００９年に改訂されてから10年以上内容が変わっていない。属性の変化に合わせた見直しを提案したい。例えば「雇用主に原因があり実習先を離れたが、引き続き就労をする意欲のある者」「経済的事情により留学を中断してしまったが、再び学び直す意欲のある者」という要素を「ガイドライン」の積極要素に加えられないだろうか。

2つ目は要素のポイント化ならびに、合計点の公表である。例えば「A要素は5点、B要素は3点、C要素はマイナス5点……、合計20点以上で在留特別許可を取得」と具体的に提示されれば、何がどのように評価されるのかが透明になる。

国会に提出されている（２０２１年3月時点）入管法改正案では在留特別許可も対象になっ

ている。非正規滞在者が潜在化するのは本人にとっても日本社会にとっても良くない。在留特別許可における対象の見直しと透明化が実現され、非正規滞在者に合法化の道が開かれることが望まれる。そして、合法化は本書の題名でもある「気づき愛」を元非正規滞在者と地域社会の間にも育むことにもなろう。

●参考文献

児玉晃一（２０１８）「在留特別許可をめぐる入管・裁判所と『法治国家』―タイ国籍少年の強制退去事件―」吉成勝男・水上徹男編著『移民政策と多文化コミュニティへの道のり―ＡＰＦＳの外国人住民支援活動の軌跡―』現代人文社、pp.95-104

サームシャヘド・関口千恵（２００２）『新版　在留特別許可―アジア系外国人とのオーバーステイ国際結婚―』明石書店

髙谷幸（２０１７）『追放と抵抗のポリティクス―戦後日本の境界と非正規移民―』ナカニシヤ出版

法務省「在留特別許可に係るガイドライン」ｈｔｔｐ：／／ｗｗｗ.ｍｏｊ.ｇｏ.ｊｐ／ｉｓａ／content/930002524.pdf（２０２１年2月18日　最終閲覧）

出入国管理及び難民認定法改正にかかわる年表

（加藤丈太郎）

年	事項
1950 年	外務省に出入国管理庁設立
1951 年	出入国管理令制定・施行 出入国管理庁を入国管理庁に改組
1952 年	ポツダム宣言の受諾に伴い発する命令に関する件に基く外務省関係諸命令の措置に関する法律施行 　**旧植民地出身者の国籍剥奪** 外国人登録法制定・施行 　**外国人登録証の常時携帯義務・指紋押捺制度の導入** 入国管理庁が法務省に移管され入国管理局に
1981 年	難民条約加入 出入国管理及び難民認定法制定・翌年（1982 年）施行
1982 年	難民認定制度始まる
1989 年	出入国管理及び難民認定法改正・翌年（1990 年）施行 　**在留資格の再編** 　**不法就労助長罪**（在留資格がない者を雇用した雇用主への罰則）**が新設される**
1991 年	入管特例法制定・施行 　**旧植民地出身者とその子孫は「特別永住者」に**
1997 年	出入国管理及び難民認定法改正・施行 　**集団密航に係る罪を新設**
1998 年	出入国管理及び難民認定法改正・施行 　**「台湾護照」が入管法上の旅券として取り扱われる**
1999 年	出入国管理及び難民認定法改正・翌年（2000 年）施行 　**不法在留罪を新設**（不法入国後の日本在留が処罰の対象に） 　**日本から退去強制**（強制送還）**された者の上陸拒否期間を 1 年から 5 年に伸長** 　**再入国許可**（中長期の在留資格を有する外国出身者が日本の外に出た後、査証を取得することなく日本に戻れる期間）**の有効期限を 1 年から 3 年に伸長**
2001 年	出入国管理及び難民認定法改正・翌年（2002 年）施行 　**フーリガン対策**（サッカーW 杯で暴行を行うおそれがある者の上陸拒否） 　**偽変造文書対策のための退去強制事由の整備**

年	事項
2004年	出入国管理及び難民認定法改正・施行 **出国命令制度**（在留資格のない者が自らその事実を申し出た場合、出国後の日本への上陸拒否期間が短縮される）**の創設** **在留資格取消制度の創設** **難民審査参与員制度の創設**〔翌年（2005年）施行〕
2005年	出入国管理及び難民認定法改正・一部を除き施行 **人身取引議定書の締結に伴い、人身取引された者について一部の上陸拒否事由・退去強制事由から除外**
2006年	出入国管理及び難民認定法改正・施行 **外国人テロリスト等を退去強制事由に追加** **日本版US-VISIT導入**（入国審査での指紋採取、写真撮影）
2009年	出入国管理及び難民認定法改正・一部を除き翌年（2010年）施行 **外国人登録制度の廃止と新たな在留管理制度の導入**（2012年施行） **在留資格「技能実習」創設**
2014年	出入国管理及び難民認定法改正・翌年施行 **在留資格「高度専門職」の創設**
2016年	出入国管理及び難民認定法改正・翌年施行 **在留資格「介護」の創設** **偽装滞在者への罰則の強化**
2018年	出入国管理及び難民認定法改正・翌年施行 **在留資格「特定技能」創設**
2019年	**法務省入国管理局、出入国在留管理庁へ昇格**

（出所）法務省出入国管理庁ウェブサイト、鈴木（2018）を参照し、筆者作成

●参考文献

鈴木江理子（2018）「戦後の日本と諸外国における外国人／移民政策関連年表」移民政策学会設立10周年記念論集刊行委員会編『移民政策のフロンティア―日本の歩みと課題を問い直す―』明石書店

法務省出入国在留管理庁ウェブサイト「最近の法改正」http://www.moj.go.jp/isa/laws/kaisei_index.html（2021年3月2日最終閲覧）

第2章

地域コミュニティ

2.1

技能実習生と地域社会

──住民の一員、地域産業の担い手として

万城目 正雄（まんじょうめ まさお）

東海大学教養学部人間環境学科社会環境課程准教授、多文化社会会研究会理事・事務局長。

国際研修協力機構勤務を経て、２０１６年４月より現職。専門は国際経済学。中小企業等における外国人労働者の受入れ問題に詳しい。主な著書に、『インタラクティブゼミナール新しい多文化社会論：共に拓く共創・協働の時代』（共編著、東海大学出版部、２０２０）などがある。

提言

中小企業や地域社会が、四半世紀以上の年月をかけて蓄積してきた実習生受け入れの経験とノウハウが生かされる形で、多文化共創社会に向けた取り組みを進める視点が大切である。

技能実習生（以下、実習生）は、出入国及び難民認定法が定める「技能実習」の在留資格をもって、日本に入国・在留する外国人である。雇用契約に基づき、中小製造業等の生産現場で就労しながら実習（インターンシップ）を行う。期間は最長5年間。厚生労働省の調べ（2019年10月末現在）によると、約38万人の実習生がアジア諸国から来日し、特に地方で興隆する地場産業によって受け入れられている。

実習生の地域社会における存在感が高まる中、近年、地方公共団体が多文化共生政策や地方創生政策の一環として、実習生を地域住民の一員、地域産業の担い手として支援する各地の取り組みが報告されるようになっている。

例えば、地場産業である水産加工業に従事する実習生が約400人在留するという北海道紋別市では、18年5月に市が開設した国際交流サロンが実習生と市民との交流の拠点になっているという。茶道・華道教室や料理教室、実習生夏の交流会（運動会）、実習生に対する日本語能力試験に向けた勉強会の開催などを通じて、実習生と市民が交流する機会が創出されている。（『広報もんべつ』19年7月）。キューポラの街として知られる埼玉県川口市では鋳物業等で受け入れられてきた実習生を、地方創生政策の一環として支援する取り組みが進められている。16年3月には「川口市まち・ひと・しごと創生総合戦略」が策定され、地域経済の基盤づくりのために、実習生へのサポートによる持続可能なパートナーシップの維持・増進を図ることが盛り込まれ、市内製造業等を支える実習生への支援を行う取り組みが進められている。岡山県美作市においては、15年4月にベトナム国立ダナン大学と相互協力協定を締結するなど、特に国際貢献、国際交流施策の一環として、市がみまさか商工会等とも連携し、ベトナム人を中心とした実習生の受け入れを推進する取り組みが「美作市まち・ひと・しごと創生総合戦略」に基づき進められているという。

中小企業を訪れて、企業関係者や実習生に会うと、自治会活動、地域のお祭り、サッカー、マラソン大会等のスポーツイベント、成人式等の行事に実習生が参加することを通じて地域住民と実習生が交流しているという話題に接することも多い。

実習生は、地方都市の中でも中小企業の生産工場が立地する郊外で日常生活を送っていることの方が多い。そのため、都会で暮らしていると、実習生を身近な存在と認識する機会は多くはないかもしれない。しかしながら、地方の取り組みに目を向けてみると、日本の中小企業や地域社会は実習生の受け入れを通じて、異なる言語、文化、宗教を持つアジア諸国の若者と接し、外国人とともに働き、ともに生活する経験を積み重ね、お互いを気遣い、熱意と努力によって、異文化接触に伴う問題を克服しながら、この事業に取り組んでいる実態も広がっている。

地域住民の一員として、地区のごみステーションを清掃する実習生。清掃当番は自治会活動の一環として回覧板で順番が回ってくる。
写真提供：㈱三静工業（静岡県）

技能実習制度は、日本における専門的・技術的分野以外の外国人労働者の受け入れを可能とするプログラムとして、様々な課題を抱えながらも日本の地域社会に根付き、今や日本で就労する外国人の4人に1人が実習生となっている。いわゆる非熟練労働者の受け入れは、試行錯誤を重ねながら政策を遂行している諸外国の実情をみても、処方箋が見つけにくい、一筋縄ではいかない問題ともいえそうだ。

日本では、人手不足の解決策として、19年4月に特定技能制度に基づく新しい外国人労働者の受け入れがスタートした。しかしながら、その数はコロナショックの影響も加わり、伸び悩んでいる。この様子は、バブル経済期に立案された技能実習制度が、バブル崩壊直後にスタートした1993年当時の姿と重なる。

実習生が地域社会、地域産業の中で、大きな役割を果たすと認識されるようになり、地方公共団体、地域住民も加わり、その支援の輪が広がっている。地域住民との交流は、実習生に仕事だけでは得ることができない、心のよりどころとなる貴重な機会を提供する。

四半世紀以上の年月をかけて、中小企業や地域社会が試行錯誤を繰り返しながら積み重ねてきた実習生受け入れの経験とノウハウが生かされる形で、格差や分断がもたらされることのない、多文化共創に向けた取り組みをどのように進めるのか、じっくりと検討する視点が大切ではないだろうか。

2.2

南米日系人と日本社会
――コロナ禍の多文化共創の地域づくり

人見 泰弘（ひとみ やすひろ）

武蔵大学社会学部准教授。名古屋学院大学専任講師・准教授を経て現職。専門は国際社会学。ヒトの国際移動に関する研究に取り組み、日本及びアジアでフィールドワークを行う。主な著作として『難民問題と人権理念の危機―国民国家体制の矛盾』（2017年、編著、明石書店）、『移民政策のフロンティア―日本の歩みと課題を問い直す』（2018年、共著、明石書店）など。特定非営利活動法人名古屋難民支援室、多文化社会研究会で理事も務める。

提言

地域社会における外国籍住民と地域住民との顔が見える関係作りは、共生・共創社会の実現に必要だ。

進む定住

現在は都内の勤務校で教鞭をとっているが、その数年前まで、私は愛知県内の大学に勤めていた。愛知県は東京都に次いで、全国では2番目に多い28万人の外国籍住民が暮らしている（2019年12月末時点）。外国人人口が多い全国有数の都道府県のひとつである愛知県は、国籍別ではブラジルやペルーといった南米出身者が多いことでも知られている。南米日系人が来口し始めてから数十年が過ぎるなか、二世、三世、四世へと、着実に世代交代も進んでいる。それを反映してということになるだろうか、大学キャンパスでも自身のゼミでも、南米にルーツを持つ学生がみられることがいわば当たり前の風景であった。

もともと南米日系人は、ブラジル、ペルー、アルゼンチンなど南米諸国から来日した移民集団を指し、日系人という呼び名の通り、祖先に日本人のルーツを持つ人々とされている。1990年出入国管理及び難民認定法改正を契機として日本での長期間にわたる在留が可能になる法的処遇が実施されたこと、加えて、いわゆる労働派遣業を介した南米諸国から日本へのリクルートがあり、派遣業者による仲介者数の拡大や就業職種の多様化を伴いながら日本各地への定住が進んだ。

団地の壁画アートに興じる多国籍の子どもたち
写真提供：NPO法人トルシーダ

南米出身者のうち最も人口規模が大きなブラジル出身者は、2007年のピーク時には31万人の在留者数を記録し、当時の中国、韓国・朝鮮出身者に次ぐ3番目に人口規模が大きな移民集団を形成するほどであった（国籍別統計については当時の集計方法に基づいている）。とりわけ南米日系人の多くは自動車産業などの製造業や電気産業などの下請け・孫請け企業の非正規労働者として派遣されており、関連産業が集積する群馬県や栃木県などの北関東地方、静岡県、愛知県、岐阜県、三重県などの東海地方を中心に南米日系人の集住が進んでいった。

経済状況の悪化で失業・貧困に直面

南米日系人の生活状況が大きく変わった出来事は、２００８年に発生したリーマンショックであろう。南米日系人の多くが雇用期間の定められた非正規労働者として就労していたこともあり、経済状況の急激な悪化により、多くの南米日系人は仕事を失うことになってしまった。雇い止めに遭い、失業や貧困に直面する不安定な生活状況に置かれたために、南米日系人の相当数がブラジルなどの本国への帰国を余儀なくされたことは記憶に残っていることだろう。

今般、深刻化する新型コロナウイルスの感染症拡大で思い起こされるのは、このリーマンショックでの経験である。実際に新型コロナウイルスが拡大した２０２０年春には、南米日系人を含む外国人労働者に対する雇い止めや失業が大幅に増えた。その後も感染症の終息がみられないなか、事態はますます深刻化を増している。南米日系人が数多く暮らす愛知県名古屋市や豊田市などの公営団地では、外国人支援に携わるＮＰＯが食料配布や特別定額給付金申請の相談会などを行ったが、その際にも南米日系人の失業や減収、生活苦が繰り返し話題になっていたという。南米日系人の不安定な労働環境は12年前と同じような光景を生み出してしまっており、新型コロナウイルスの影響が長期化しているなかで今後の状況が懸念されている。

こうしたなか、南米日系人が集住する地域では、外国籍住民と地域住民との交流機会を設け、多文化共創を実現しようとする取り組みが進んでいることにも触れておきたい。例えば豊田市の保見団地で活動するＮＰＯ法人トルシーダは、団地の壁画アートを通じた外国籍住民と地域住民との交流プロジェクトを進めている。そこではアートを手がかりにして分断されがちな地域社会をつなぎ、文化的背景が異なる多様な人々をつなぐ多文化交流の地域づくりが目指されている。外国籍住民と地域社会との顔の見える関係づくりが、今後一層欠かせないものとなるだろう。

感染症の拡大とともに、世界各地で外国人嫌悪やヘイトスピーチの高まりが懸念されている。社会不安が高まっている今こそ、草の根レベルの交流はコロナ後の多文化共創の社会づくりに欠かせないものとなってくるだろう。身近な社会における取り組みに注目しつつ、外国籍住民との共生・共創を実現する社会づくりを今後も探っていきたいと思う。

2.3

まちづくり①
――外国人住民と共に考える

稲葉 佳子（いなば よしこ）

法政大学大学院デザイン工学研究科兼任講師、博士（工学）。都市計画コンサルタントを経て、２００８年からＮＰＯ法人かながわ外国人すまいサポートセンター理事。「新宿区多文化共生まちづくり会議」第１期～第５期委員。90年代から外国人居住について数多くフィールド調査を行ってきた。

著書に『オオクボ　都市の力―多文化空間のダイナミズム』（単著、学芸出版社、２００８）、『台湾人の歌舞伎―新宿、もうひとつの戦後史』（共著、紀伊國屋書店、２０１７）など。

提言

まちづくりは、外国人住民と共に考え担う時代へ

多文化都市・新宿区

新宿区は8〜10人に1人が外国人。約130カ国の人びとが暮らしている。なかでも多くの外国人が集住し起業しているのが、新宿駅から一つ目の新大久保駅（JR山手線）と大久保駅（JR総武線）を囲む一帯である。

このようなまちが生まれた背景には、隣接する日本最大の歓楽街・歌舞伎町の存在と「留学生10万人計画」（1983年）の影響がある。80年代のバブル期、このまちは歌舞伎町で働く東南アジア出身の女性たちのベッドタウンになり、同時に日本語学校が林立し、留学生（当時は中国・台湾・韓国など）が押し寄せてきた。それは〝多文化共生〟という言葉すらなかった時代のことである。区は91年から外国人向けに『新宿生活ガイド』（現・新宿生活スタートブック）という小冊子を発行したが、地域社会では異文化に対する戸惑いや日常生活ルールをめぐるあつれきがあり、有効な手立てにはなっていなかった。

ようやく2000年代に入ると、日本人と外国人の交流拠点として「しんじゅく多文化共生プラザ」（05年）が設置された。ここでは、日本語教室・多言語情報の提供・外国人相談のほか、個人や地域団体・外国人団体・支援団体が参加する「多文化共生連絡会」が開催され、共

各国の料理や舞踊・音楽でにぎわった「第１回 新大久保フェス」 2019年８月４日（筆者撮影）

生をめぐる様々な課題について意見交換を行っている。この連絡会を踏まえて、12年に条例に基づく「新宿区多文化共生まちづくり会議」が発足した。同時に庁内に多文化共生推進課が創設された。委員は学識経験者、区民、多文化共生団体、町会・自治会・商店会などの地域団体で構成され、区長の諮問に対する答申、提案などを行う。委員に占める日本人と外国人の割合はおおむね半々である。会期は２年、現在は第５期である。

筆者は30年前から外国人の住宅問題について調査を行い、入居支援を行うＮＰＯにも関わっていることから、第３期会議では住宅部会のとりまとめ役を担った。近年は外国人に対する入居拒否が以前より緩和されていると感じていたが、再びこの問題に直面することになり、厳しい現実を突きつけられた。しかし、以前との違いも実感した。かつては「借りる人＝外国人」「貸す人＝日本人」という構図のため異文化対立的な側面もあったが、現在では「借りる人＝外国人」であっても、「貸す人＝日本人や外国人のオーナーや不動産業者」に変わり、より偏りのない視点・立場からの意見交換ができる。実際、住宅部会には不動産業を営む外国人委員も参画しており、建設的な議論ができた。また「多文化共生連絡会」や「新宿区多文化共生まちづくり会議」を通して、日本人・外国人ともに、キーパーソン・地域団体・外国人コミュニティ団体等とのネットワークが生まれ、互いに顔が見える関係を築きつつある。

地域社会との交流

さて新大久保では、新大久保商店街振興組合（外国人も加入している）の中に、新たに日本・韓国・ネパール・ベトナムによる「インターナショナル事業者交流会」が結成された（17年）。この地域で商売をする店が国に関係なく集客して商売繁盛を願い、地域に根ざす店として暮らしやすいまちづくりを目指している。

もともと商店街と住宅地によって形成されていたまちは、韓流によって瞬く間に観光地に姿を変えたため、狭い歩道に観光客があふれ、ゴミのポイ捨てやトイレ不足など課題も多い。この交流会のきっかけは、新宿で商売をしている新宿韓国商人連合会（ニューカマー韓国人の団体）から「外国人として長く大久保で商売をしてきた先輩として、起業して間もないネパール人やベトナム人の苦労や悩みを聞いてアドバイスしたい」という声があがったことによる。韓国人ならば、新規参入組と彼らを受け入れる日本人側、両者の立場を理解できるので、日本人からも期待されている。新大久保といえばコリアンタウンのイメージが強いが、現在は多文化・多国籍タウンへと変貌《へんぼう》している。

この会のポイントは、国は違っても商売という共通の目的でつながっていること。そして互いにフラットな関係で話し合える〝場〟を設けたこと。交流会の後は必ず各国レストランでの懇親会があり、より饒舌に交歓を深める。昨年8月には、多様な地域住民らが交流する「第1回　新大久保フェス」を開催した。短い期間で一丸となって企画・準備を進めたことでメンバー同士の結束力が高まった。2020年春の新型コロナウィルス感染症による非常事態宣言下では、WEB会議で互いの苦境を確認し支援情報を共有した。私たちは、単に外国人を従来型ホスト社会に組み入れるのではなく、ホスト社会側がその構成や在り方自体を見直し、共にまちづくりを考え、共にまちづくりを担う段階に入ってきていると思う。

2.4

まちづくり①
――外国人住民の役割を見つける

崔 英善（ちぇ よんそん）

日本外国人ネットワーク代表。韓国にて記者、TVディレクターを経て2000年に来日。慶応大院修士課程修了。新宿自治創造研究所研究員を経て現在、首都圏某市の非常勤職員（多文化共生推進専門職）を務める。

提言

多文化共生まちづくりに、日本人住民、外国人住民がともに参画できる仕組みづくりを提言する。

要求の根拠を自問

「私は日本に住ませてもらっている感じがぬぐえないの。日本側に私たちを守ってもらうように強く要求することにためらいがあるの」と言う私の発言に、ある外国人の集まりに参加していた数人の外国人が反発した。「住むところがないからここにいるわけではない。税金を払っているし」。

その時の私は来日して2～3年を迎えていた。国際交流協会でのスタッフの傍ら外国人につながる子どもの支援など様々な活動を精力的に行っていたが、何を根拠として日本側に権利を主張できるかということに悩んでいたのだ。「国」は自国民を守るというものであれば、日本国籍ではない外国人を守る義務はない。よく耳にするこの考えに反論ができなかったのだ。

その後、２０１１年に新宿区新宿自治創造研究所で研究員として、新宿区内の外国人実態調査を行うために様々な外国人にヒアリングを行った。その時に出会った日本人の配偶者を持つ多くのアジアの女性は、年の離れた依存症・無職等の配偶者の面倒をみていたのだ。ある見方をすれば、普通の日本人の女性なら選択しないと思われる人々だった。その時、私の脳裏には外国人は「日本に住まわせてもらう」のではなく、むしろ「貢献」しているのでは？という思いがあった。

一方、コリアンタウンへの観光客増加による騒音、ゴミなどを巡る問題で、行政と日本人住民の立場はもちろん、韓国人である私は韓国人住民の気持ちも手にとるようにわかった。そのため、多文化のまちづくりが一筋縄ではいかないことを実感できたし、その課題解決のカギは何かを常に考えるようになった。

新宿での経験はその後、首都圏にある某自治体の職員として、「外国人市民会議」のコーディネーターを引き受けた際、活動の仕組みづくりに生かされる。

バイリンガル指導者養成講座
（2010年、2011年開催）

今では多くの自治体に設置されている「外国人市民会議」の最も重要な役割は、外国人住民に必要な社会システムを外国人代表に選ばれた委員が審議後、首長に提言することと言える。

しかし、このやり方に疑問を抱いていたのだ。実際にこの提言が施策として実現されることは数少ないためだ。その根本にある原因をこう考えた。元来の設置背景はどうであっても、提言とはつまり要求することで、片方の一方的な行為は、その向こうにある日本人住民の理解を得にくいし、予算も付きにくいのではないか？　そうであれば、インタラクティブな、つまり日本人住民も外国人住民も力を合わせ、素敵なまちづくりに参加できる仕組みづくりが必要不可欠だと。

「アクション」活動

私はまず、外国人市民会議の活動内容を二つに定めた。一つ目は今までの「提言」活動だ。新しく付け加えた二つ目は、まちづくりの中に外国人の役割を見つけ、行動することを目的とする「アクション」活動だ。それを役所と外国人市民会議の委員の承認を得て、本格的に2014年から始動した。このアクション活動は毎年1～2回、外国人市民会議単独で、あるいは日本人住民と一緒に行う。

19年度は東京2020大会を見据え、外国人市民会議の委員による「世界のあいさつやマナー、予想されるソリューションの解決へのヒント」などを内容とし、「都市ボランティア」を対象に行った。ロシア語、スペイン語など8言語の文化を紹介し、100人を超える人が参加し、好評を得た。また、地域の農家を訪れ、観光資源としての外国人目線でのアドバイスをまとめた年も、多文化共生をテーマとした寸劇を地域の子どもに披露した年もある。もう一つ紹介したい活動がある。日本語支援の必要な児童・生徒がいる学校に派遣され、指導をしているネイティブを「バイリンガル指導者」と名付け、明確な役割とそれを遂行できるプログラムと養成講座を開設した。

文化庁の「生活者としての外国人のための日本語教育」事業に採択（2010、2011年度）され、講座の実施に漕ぎづけた。2年間で合計43名、13言語の人が講座を受け、今神奈川県内で活動する。当時「バイリンガル指導者」が参考にできるテキストや指導内容がなかったため、その課題解決に取り組んだのだ。

このように私は、一般にいう「外国人」を「国籍」ではなく、「住民」として、捉えていて、まちづくりに外国人の参画ができてこそ、真の多文化共生に近づけると思うし、その仕組みづくりを自分の役割と思っている。

第3章

保健・医療・介護

1　外国人の妊産婦
2　介護人材
3　外国人高齢者への介護支援

3.1

外国人の妊産婦

――支援におけるNew Normal

五十嵐 ゆかり（いがらし ゆかり）

聖路加国際大学大学院看護学研究科　教授。助産師。専門はウィメンズヘルス・助産学。異文化看護学。多文化社会研究会理事。RASC代表。在住外国人とその家族の幅広いライフステージにおける性と生殖の健康についてや、医療従事者へ外国人ケア向上のための支援活動を行っている。また教育方法にはチーム基盤型学習（Team-based learning：TBL）を取り入れている。

『国際化と看護』（共著、メディカ出版、2018）、『実際に起こったトラブルから学ぶ！現場で役立つ外国人患者とのコミュニケーション』（監修、丸善出版、2019）、『トライ！看護にTBL　チーム基盤型学習の基礎のキソ』（編著、医学書院、2015）

提言

より丁寧なコミュニケーション方法の検討が必要となる。対面では、マスクによって伝わりにくいことを前提に、ゆっくり、はっきり、話すこと、また対面以外のコミュニケーションでは支援が途切れないようまずは既存のリソースを見直すことが大切である。たとえば、文字をイラストにすること、やさしい日本語に変更するなどの工夫を行い、その上でアウトリーチ型の情報提供の検討が重要である。

私たちの日常は、ウィズ コロナを意識した新しい生活様式（Ｎｅｗ Ｎｏｒｍａｌ）への変革が求められている。外出自粛要請はリモートワークを促し働き方改革のきっかけになった。一方で、Ｎｅｗ Ｎｏｒｍａｌに適したコミュニケーション方法は検討が必要だろう。これまでと異なり、職場では場と時間を共有し表情豊かに交わした雑談がなくなり、ＥメールやＳＮＳ上に現れる「文字」に依存したやりとりが主流となった。顔を合わせるのも、モニターを通じたオンライン上がほとんど。「文字」を通じた意思疎通は淡泊で、ときには冷淡な印象をも与え、モニターに向かって交わす会話は味気ない。言い様のない距離感から「孤独ストレス」を訴える人が増加している。この状況は人との絆が希薄になっていく錯覚を与え、悲しさや虚しさを痛感させる。その刹那、私は外国人妊婦の病院での患者経験談を思い出した。「自分だけ話しかけてもらえない。頑張って話しかけても無視される。自分は存在していないみたい。」

在留外国人は日本社会との意思疎通がうまくいかず疎外感や孤独感をもつことも多い。このコミュニケーション方法への違和感、強まる孤独感は、Ｎｅｗ Ｎｏｒｍａｌでの体感と多く共通する。私はこれまで支援の現場で、外国語が苦手でも「まずは日本語で話しかけてみる」ことが有効であると説明し、医療関係者向けに研修会を行ったり、教育ビデオを作成したりし、その効果を実感してきた。しかし、今後はこれまで通りにはいかないだろう。マスクをつけ、ソーシャルディスタンスを保ちながら人とコミュニケーションをとる。同じ言語を話す日本人同士であっても誤解なく伝えるための多様な工夫が必要である。

アウトリーチ型へ変換する確実な情報提供

外国人とのコミュニケーションに欠かせなかった通訳機能も人から機械へ、対面からオンライン上へとＮｅｗ Ｎｏｒｍａｌに応じた配置が求められる。支援の場においても代替案を念頭に多様な対応が要請されるだろう。この間、外国人支援のリソースは、これまで以上に多言語の「文字」情報のみに頼らざるをえず、新たな問題を想起させる。これまで準備された多言語リソースは、多くは支援者を通じて紹介、活用されてきた。自治体のＷｅｂサイトには、多言語で有益な情報が掲載されているが、現在、外国人が自ら検索しアクセスすることは多くない。オンライン画面越しのケアを併用していくことも必要かもしれないが、まずは文字情報を前提にした新しい伝達方法と対象者が自らアクセスできる環境構築が鍵となっていくだろう。例えば、文字情報が無機質でニュアンスが伝わりにくいことを踏まえ、確実に適切な情報が伝わる工夫をすることも支援におけるＮｅｗ Ｎｏｒｍａｌにつながっていくのかもしれない。

原点回帰によるケアのヒント

助産師である私は、コロナ禍での出産におけるケアについて考えさせられた。かつて分娩は、各自宅で行い、助産師が家族を含めた個別的なケアを行うのが主流であった。つまり、原点への回帰がＮｅｗ Ｎｏｒｍａｌへ適応するヒントになると感じている。自宅における自然分娩は、三密を回避できるため感染拡大の予防となり、コロナ禍に適している方法ではないだろうか。とは言っても、現代は背景が多様でありすべての人が自宅分娩を選択できる状況ではなく、病院施設での分娩も必要である。そのため原点回帰とは「個別ケアの充実」であり、そのことがＮｅｗ Ｎｏｒｍａｌにおけるケア方法につながるのではないかと思う。ただし、個別ケアと言っても、コロナ禍では頻繁な対面が困難であり、それができなくとも信頼関係を構築、維持する方法の検討が必要である。正常経過を辿るために、セルフケアを促すことは個別ケアの大切なポイントである。そのためには、一層、妊婦に必要な情報を確実に提供することが重要となる。例えば、12言語に翻訳された「ママと赤ちゃんのサポートシリーズ」は、やさしい日本語との多言語併記で日本人にとっても理解しやすい。内容の適切性とともに理解しやすいこ

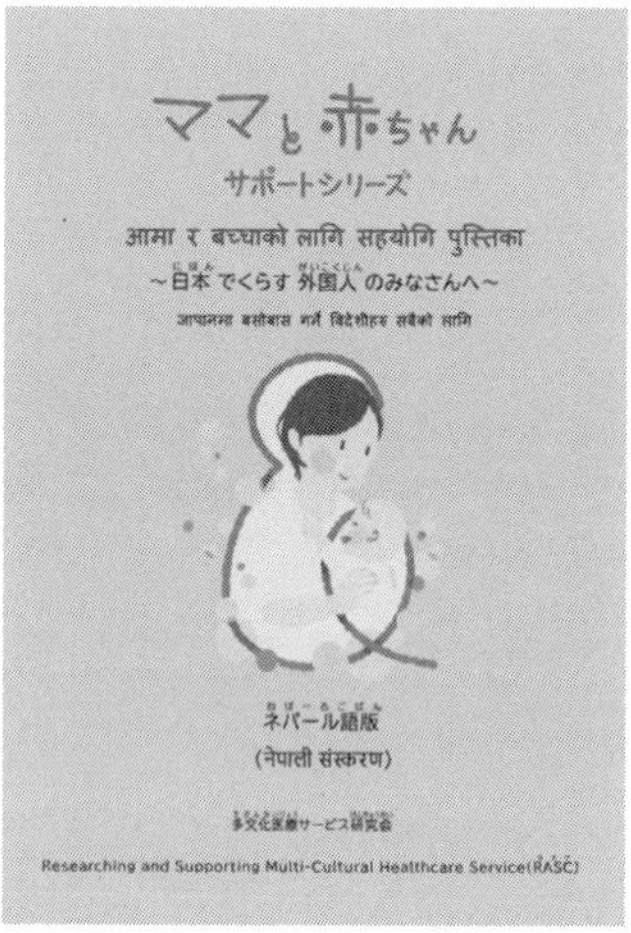

ママと赤ちゃんのサポートシリーズ（http://www.rasc.jp/）中国語、韓国語、ベトナム語、タガログ語、ポルトガル語、ネパール語、インドネシア語、英語、タイ語、ロシア語、フランス語、ドイツ語の12言語に翻訳

とはセルフケアを促すことにもつながる。確かなリソースを選択し、場面に合わせてそれらを提供できる準備も大切なケアと言える。

まずは、どうすれば必要としている人々へ確実にアウトリーチができるか検討が急がれる。Ｎｅｗ Ｎｏｒｍａｌはすべてを一新するということではなく、これまでの積み重ねを下地に、多様な代替案を生み出す発想の転換が求められる。文字や画面越しにリーチアウトする見えない相手と同じ視点に立ち、必要な支援を行う創造力と想像力が新たに期待されている。

3.2

介護人材

——外国人介護士との協働の道のり

二文字屋 修（にもんじや おさむ）

NPO法人AHPネットワークス執行役員

私が所属しているNPO法人AHPネットワークスは、主に外国人看護師・介護（福祉）士の教育支援、就労支援をしています。その一環としてベトナム看護協会や医療短大と共同してベトナム語版『老年看護介護』教材を作成しました。ベトナムの実情に合わせた介護教材を目指し、2020年末から現地の医療短大で使用されています。

提言

外国人介護士の受入れルートがいくつかある。在留資格の違いによって就労内容や待遇等がちぐはぐにならないよう、高度なマネージメントが求められる。

外国人労働者の少数派

２０２５年に私たちは国民の４人に１人が75歳以上という未知の超高齢社会に突入していく。それを支える介護者の需給ギャップは約37・７万人に上ると厚生労働省が推計値を公表したが（２０１５年）、これだけの数になると日本人だけでは補えそうにない。その解決策の一助として外国人介護士導入に期待が高まって久しいが、ようやく最近になって⑴経済連携協定（以下、ＥＰＡ）をはじめ、⑵介護の技能実習生、⑶介護留学による介護福祉士、⑷特定技能の介護と４つのルートが整ってきたところである。２００８年にスタートしたＥＰＡは２０１９年度までに5千人が来日し、８００カ所近くの施設で雇用され、現在も3千人以上が活躍している。他に定住者、日本人の配偶者等、留学生のアルバイトなどを合わせると3万４千人余りが医療・福祉の分野で働いているが（厚生労働省２０１９年10月末）、外国人労働者総数１６６万人からみればまだまだ少数派である。これからの動向が注目されるところだが、それに応じるかのように２０１９年４月から始まった特定技能の介護職は5年間で最大６万人を見込んでいる。

介護と聞くと高齢者施設を思い浮かべるが、実は医療機関では看護補助者不足が深刻になっており、医療界も外国人介護士導入に積極的である。しかしケアワーカー不足は日本に限らず先進諸国に共通の課題である。そのため高齢化社会到来にはまだ余裕のある東南アジアの国々での人材争奪戦が繰り広げられている。では人材獲得のポイントは何だろう。ベトナムで尋ねてみると、給与、やりがい、そして暮らしやすさ等という答えが返ってくるところは日本人の職業選択の観点と変わらないことがわかる。心地よい居場所の追求は、誰でもみんな同じなのだ。

法案上に描かれていない外国人介護士

厚生労働省社会保障審議会福祉部会福祉人材確保専門委員会は、「2025年に向けた介護人材の確保～量と質の好循環の確立に向けて～」を発表した（2015年2月25日）。介護人材の在り方を「現行の『まんじゅう型』から『富士山型』への構造転換を図る」とし、新たな人材配置を示したものである。国家資格の介護福祉士を専門集団としてその地位を確立し、その下に高齢者介護の裾野を広く支える層を配置する。いわく「女性や中高年齢者層（中略）若者、障害者等、さらには他業界からの参入を進めていくことが重要である」と焦点を定め、地域包括ケアシステム構築を図ろうというものである。

ところが、ここに外国人介護士の存在は描かれていない。この委員会報告が出される前年6月24日には入管法を改正して在留資格「介護」の新設や技能実習に介護を加えるなど「日本再興戦略」が閣議決定されていたのだが。しかし驚くにはあたらない。従来から医療や福祉は日本人が担うべきという考えと、外国人材導入を促進しようという二本の線が交わることなく進んできた分野なのである。

1989年の入管法改正に深く関わった坂中英徳氏から、当時を振り返って「法案策定時には『医療・社会福祉』としたが『福祉』は削除された」と聞いたことがある。この時の改正で新設された在留資格「医療」でさえ医師が6年、看護師が4年という在留期限付きだったことからすれば、福祉は時期尚早。国家資格の介護福祉士は1987年に認定されたばかりであった。

その後1997年2月に入国管理局内の研究会が「老人介護に従事する外国人の受入れについて」をまとめた。そこには総合的受入れ機関の設置、介護従事者の質・量の確保、処遇の在り方、受入れの公共性確保、出入国管理法制の見直し、更には国内外に1年課程の外国人介護士養成施設設置など、最近の政策に通じる予見的提案が描かれていた。20数年前から外国人介護士導入が注目されていたことがわかる。

新型コロナウイルスの終息が予測できない今、経済は下降線をたどっている。今後の外国人

2025年に向けた介護人材の構造転換（イメージ）

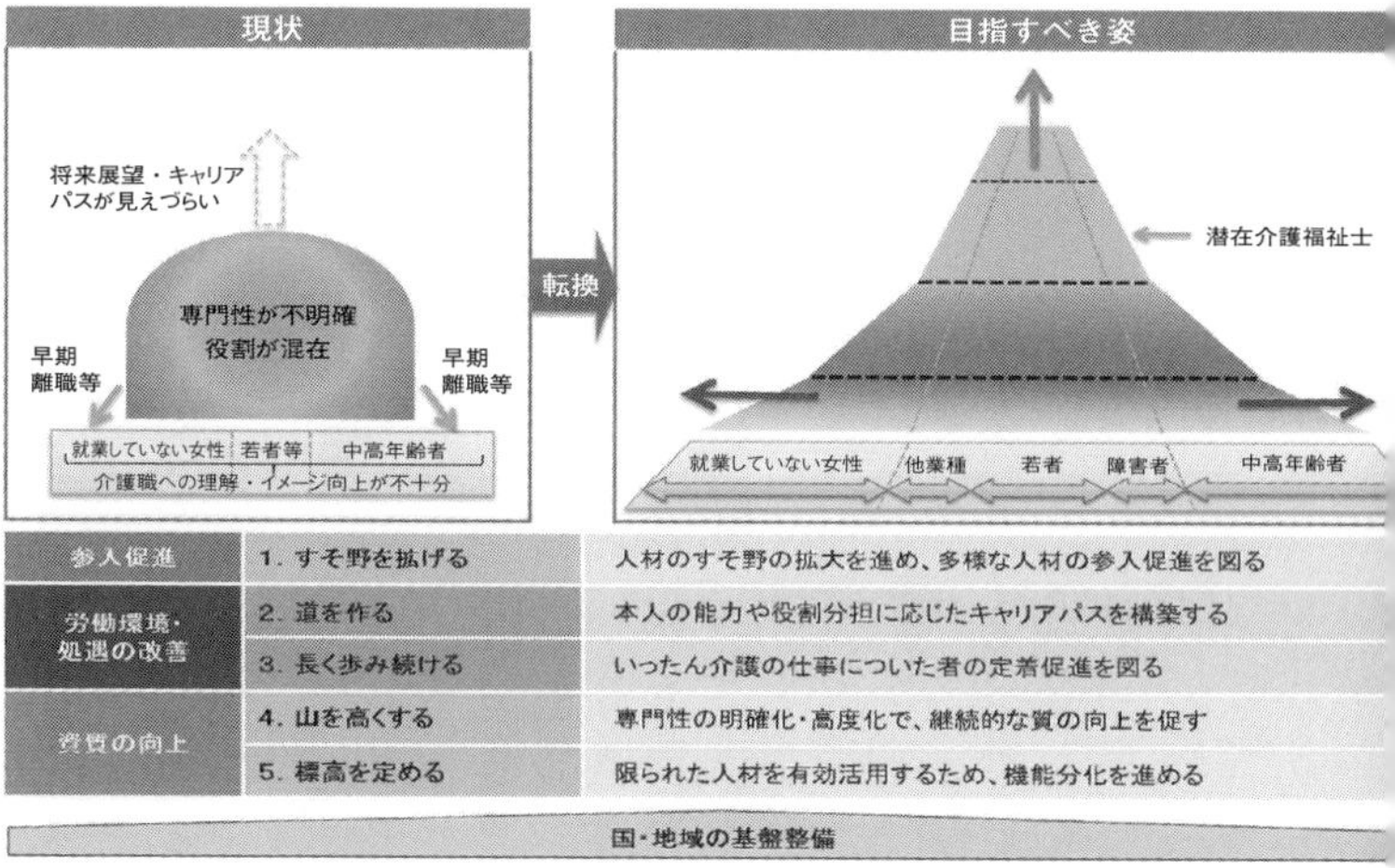

出典：「2025年に向けた介護人材の確保～量と質の好循環の確立に向けて～」
2015.2.25 社会保障審議会福祉部会 福祉人材確保専門委員会

人材受入れもその影響は免れないが、介護は増加していくと思われる。それは２００８年のリーマンショックでも多くの失業者がでたが、介護職に相応しい人材の流入は少なかった事を経験しているからである。しかし期待されている「特定技能」は「技能実習」との違いが分りづらく、送出し国の関係機関を消極的にしている。特定技能には学歴条件がなく技能実習に近いのだが、就労のための在留資格として専門的・技術的分野にくくられており、実務経験は重視されていない。特定技能の英語名「Specified Skilled Worker」に適した介護人材の育成と受入れの流れを創る民間活動が重要になってくる。

3.3

外国人高齢者への介護支援

――アフターコロナを見据えた協働と協調

李　錦純（りくんすん）

関西医科大学看護学部・大学院看護学研究科准教授。博士（人間科学）。看護師、保健師、介護支援専門員。専門は在宅看護学。国際地域看護研究会代表、多文化社会研究会理事。多様な背景をもつ人々が、地域社会で安心して豊かな老後を過ごせる多文化共生・共創社会を目指して、教育・研究・社会貢献活動に携わっている。主な著書は『在日外国人の高齢者保健福祉に関する研究』（単著、風間書房、２０２０）、『在日外国人の健康支援と医療通訳―誰一人取り残さないために―』（共著、杏林書院、２０１８）など。

提言

多重の格差とリスクを負う外国人高齢者への介護支援には、人同士とのつながりと協調・協働が欠かせない。分断と閉鎖に偏らない、「誰一人取り残さない」感染対策が求められる。

日本で暮らす外国人総数は273万人であり、そのうち65歳以上の高齢者は17万6千人、高齢化率は6・6%である（2019年末時点）。在留期間に制限がない「永住者」及び「特別永住者」の在留資格を有する者は109万人に上り、将来的にはさらなる増加が見込まれる。65歳以上の外国人の70%が、戦後より長期在住している在日コリアン（韓国及び朝鮮籍者）であるが、近年はその割合は減少傾向であり、多国籍化が進んでいる。

顕在化する文化・価値観

高齢者の増加により、外国人の医療や介護需要も増加している。在留外国人に対する介護保険制度の適用は、適法に3カ月を超えて在留する外国人で住所を有する人となっている。外国人の介護保険サービス利用者が増加しているものの、介護現場では意思疎通の困難や生活習慣・価値観の相違、経済的問題、社会保障制度の理解不足、母国文化への回帰など、様々なニーズと課題が複合的に顕在化しており、対応が求められている。

介護は生活に深く入り込むことから、その人の生育歴や文化、価値観が反映されやすい。例を挙げると、在日コリアン高齢者は儒教文化を背景とした長幼の序を遵守する傾向があり、デイサービス（通所介護）で食事の際には年長の利用者より先に箸をつけることはない。在日米国人の高齢者は、お風呂に入れない状況を鑑み善意で導入した訪問入浴介護サービスについて、人前で裸にされたと屈辱的に受け取ることがある。また、認知症の症状進行により、日本語を忘れて母国語に回帰してしまい、周囲と意思疎通が図れなくなることがある。

事業所の協力体制がつくる「居場所」

在日コリアンの民族性に配慮した居宅介護サービス事業所（以下、事業所）が、関西を中心に支援を展開している。同国人が集い母国語と文化を享受できる安心の居場所として、包括的な生活支援の拠点として、地域の希少な社会資源として役割を発揮している。

在日コリアン2世のケアマネジャーによると、①同文化・言語の接触による心の安寧②介護保険制度の理解を促す持続的工夫③多職種連携による共通理解とケアの統一④言葉だけによらないコミュニケーションツールの工夫⑤通訳対応可能な社会資源の発掘と活用⑥特有の葬送儀礼文化に対する理解――が支援上重要であるという。加えて、出身国在住の家族・親族との絆、清潔への捉え方、経済的配慮、死生観の違いにも留意する必要があるという。

関西にある在日コリアン高齢者が多く利用しているデイサービス事業所の様子（筆者撮影）

新型コロナウイルスの感染拡大による世界的なパンデミックは、今後どのように変貌し終息しうるのか、予測がつかない状況である。介護分野におけるコロナ禍の影響は、施設での面会禁止や一部デイサービス事業所の休止はあっても、訪問系サービスをはじめとしたサービスは感染の脅威に晒されながらも休むことなく運営している。

コロナ禍によりデジタル化が加速し、デジタル環境が整備されつつある。在日外国人の高齢者にとっては言葉の壁に加えて、世代的にデジタルデバイドという新たな負荷もかかる。また、高齢者や基礎疾患をもつ人の感染リスクが高いことは周知の事実であることから、多重のリスクを負うことは想像に難くない。このような外国人高齢者の状況を見逃さず、「誰一人取り残さない」サービス提供と感染対策強化の両立が求められるだろう。

関西の複数ある在日外国人対応の事業所では、コロナ禍で休止した事業所の利用者の受け皿として別の事業所が支援するなど、協力体制をとっている。地域で暮らす在日コリアン高齢者にとって、介護サービスが唯一の社会参加の場であり、人との接点であり、居場所となっている場合が少なくない。

ステイホームは、高齢者にとってフレイルの発症リスクを高め、生活機能を全般的に衰えさせる。また、人との接点がなくなることで、閉じこもりのリスクを助長する。地域の事業所による連携・協働体制のもと、感染症ガイドラインの共有と徹底により、外国人への介護支援が継ぎ目なく提供されており、二次的健康被害の予防につながっている。

不確実性の時代において、ヒトとモノの流れが遮断された今だからこそ、介護分野では特に分断や閉鎖ではなく協働と協調の大切さへの気づきが求められる。その基盤となる人と人とのつながり、信頼関係の構築こそが、ウイルスという共通の敵に対峙《たいじ》する人類の武器である。アフターコロナを見据えて、社会にとって普遍的な価値とは何かを問い直す「気づき愛」を醸成する機会ととらえ、多文化共創社会の介護の在り方を模索していきたい。

第4章

外国人雇用

1 ダイバーシティ・マネジメント
2 来日留学生に働きやすい環境を
3 来日留学生に正しい情報でサポートを
グローバル市民として、共に考え、共に生きる時代へ

4.1

ダイバーシティ・マネジメント

——多様性の相乗効果

郭 潔蓉（かく いよ）

東京未来大学モチベーション行動科学部教授

台湾生まれ。筑波大学社会科学研究科博士課程修了。博士（法学）。外資系コンサルティング企業勤務を経て学者に転身。ビジネス・ブレイクスルー大学院大学、大東文化大学を経て現職。多文化社会研究会監事。日本比較文化学会・アジア経営学会・アジア政経学会等会員。最近はアジアの後発開発国に進出する日系企業の経営組織の構築、特にグローバル経営におけるダイバーシティ・マネジメントについて研究をしています。

提言

「多様性」を生かすことは、組織の明日につながる新たな戦力の源泉である。多文化社会における「ダイバーシティ・マネジメント」は利他主義的エッセンスを取り入れよう。

労働市場の人手不足

2019年は、日本社会にとって新たな外国人人材に門戸を開いた「ダイバーシティ元年」と言える年である。14業種における「特定技能」という新たな枠組みをつくり、単純労働者層でもない、高度人材でもないセグメントの外国人労働者受入れるのは、日本の労働市場において初めてのことである。

その背景には、日本社会が抱える深刻な少子高齢化問題と2018年頃から顕在化をしはじめた人手不足倒産がある。特に建設業、道路貨物運送業、外食産業や小売業では、人手不足が年々深刻化しており、従業員の離職や採用難から事業遂行不能となり、倒産に追い込まれるケースが散見されている。つまり、日本社会における労働市場は徐々に縮小しており、慢性的な人材不足に陥っているのである。

こうした事態を打開するため、新たな14業種における「特定技能」の枠組みによる外国人労働者の受入れに関する法案が2019年4月より施行されたが、初年において同資格で雇用された外国人は全国で520人、最も多い割合を占めたのは「飲食料品製造業」の24%である。次いで、農業の23%、産業機械製造業の19%が上位を占めている。地域別分布をみると、愛知県の8・7%を筆頭に北海道と岐阜県の同率6・7%が続き、群馬県6・3%と沖縄県6・0%がベスト5となる。(外国人雇用状況、厚生労働省、令和元年10月末現在) 初年の統計は、わずか7カ月の間の数字となるが、まずまずの出足と言えるのではないだろうか。

「特定技能」の枠組みができたことも後押しとなってはいるが、それにも増して日本における外国人の雇用は近年増加の一途をたどっている(図4・1を参照)。2019年10月末現在の日本における外国人労働者数は165万8804人で、前年同期に比べて13・6%増加している。一方、外国人労働者を雇用する事業所数は24万2608カ所で、こちらも前年同期比12・1%の増加となっている。いずれも平成19年に「外国人雇用状況」の届出が義務化されて以降、過去最高の数字を更新している。また、2008年時点では、派遣や請負による雇用が33・6%もあったのに対し、2019年では21・0%にまで減少し、外国人労働者の直接雇用を行う企業が増えてきていることが分かる。2008年と直近の2019年の数字を比較してみると、日本の労働現場における多文化化は、このわずか10年に3倍の勢いで進んでいることが分かる。しかし、企業の現場は果たしてこの多文化化の速度に追いついているのだろうか。

「ダイバーシティ・マネジメント」という言葉から連想されるキーワードを様々な人に問いかけてみると、多くはジェンダーフリーや女性の活躍の推進という答えが返ってくる。もちろ

図4・1 外国人雇用の実態

（「外国人雇用状況」2008～2019年〈毎年10月末現在〉厚生労働省）を参照して筆者作成

ん、この二つの要素とも大事ではあるが、残念なことに「多様性」に関する回答を聞く機会はあまりない。

ダイバーシティという言葉の本来の意味は「多様性」を意味しており、「ダイバーシティ・マネジメント」とは「多様性」を競争優位の源泉にしようというマネジメントのアプローチである。今日のように多文化化が深化している労働現場では、多文化経営を意識した「多様性」の活用が非常に大切になってくる。しかし、多くは「多様性」をどのようにすれば競争優位の源泉となるか、十分な受け入れ体制を構築する前に、外国人労働者を雇用してしまうケースが多い。それゆえ、外国人人材を上手く活用できないというジレンマに陥りやすい。

利他主義を取り入れる

では、どうすれば良いのか。そんな時、利他主義的なエッセンスを少し取り入れて物事を捉えることを意識してはどうだろうか。一見、博愛主義的に感じられるが、多文化社会においては、相手を思いやることは、最終的に自己を思いやることにつながるからである。今回のコロナ禍おいて、私たちはいかに利己主義的な考え方が他人を害し、ひいては自分自身をも危険にさらしてしまうことの危険性を学んだのではないだろうか。つまり、他人にウイルスをうつさないようにする努力は、最終的には自分にもウイルスを近づけないことにつながるということである。

「ダイバーシティ・マネジメント」においては、少し利他主義的に外国人人材をどうすれば生かせるかといった視点で、企業文化や制度、組織の改革を行えば、それがやがて企業の競争優位の源泉となるということである。

出入国在留管理庁の速報値によると、２０２０年8月末現在「特定技能」資格で日本に在留している外国人は８７３９人に上る。コロナ禍においても「特定技能」による就労者が多いのは、当該資格への国内外の関心度の高さがうかがえる。そして、渡航制限が解除され、ようやく2020年10月24日に海外にて「特定技能」に合格をした外国人労働者が日本への入国を開始した。第一陣はカンボジアよりわずか5名の入国となるが、海外で待機を余儀なくされている約8千人の合格者の渡日の大きな突破口になるに違いない。せっかく、新たな外国人人材に門戸を開いたのであれば、ぜひ彼らを日本社会の戦力として育てることを願ってやまない。

●参考文献

厚生労働省「外国人雇用状況」2008~2019年
出入国在留管理庁「在留外国人統計」2019年統計・2020年9月発表速報値

4.2

来日留学生に働きやすい環境を

佐藤　由利子（さとう　ゆりこ）

東京工業大学環境・社会理工学院准教授

学術博士（東京工業大学）。専門は留学生政策、国際教育、開発経済学。大学卒業後、ＪＩＣＡに勤務し、ネパール事務所などに赴任。東京工業大学に移ってからは「国境を超えた人の移動と多文化共創」をテーマに研究。東工大教育賞（２００７、２０１３）受賞。文部科学省「留学生就職促進プログラム」委員会委員、多文化社会研究会理事。主な著書に『日本の留学生政策の評価』（単著、東信堂、２０１０）、「移民・難民政策と留学生政策」（２０１８）移民政策研究第10号、29—43頁など。

研究室の学生たちと（前列左から２人目が筆者）

提言

留学生は、日本人と他の外国人との橋渡し役としての役割も期待できる大切な人材である。彼らにとって、働きやすい環境を整え、職場における多文化共創を実現しよう。

低い定着率

生産年齢人口の減少や経済のグローバル化を受け、外国人の雇用が広がっている。中でも注目されているのが、日本で学んだ留学生の採用である。2008年に開始された「留学生30万人計画」では「高度人材受け入れとも連携させながら、国・地域・分野などに留意しつつ、優秀な留学生を戦略的に獲得していく」ことがうたわれ、安倍政権の成長戦略でも、留学生の日本就職が、日本経済の生産性、イノベーションを向上し、海外販路開拓につながるとして推進されてきた。

例えば「日本再興戦略2016」には、「外国人留学生の日本国内での就職率を現状の3割から5割に向上」という目標が示され、成長戦略ポータルサイトの「外国人材の活躍推進」(20年4月更新)には、「外国人留学生の呼び込みから就職に至るまで一貫した対応を行うとともに、地域社会の重要な構成員として、国籍等にかかわらず外国人が暮らしやすい地域社会をつくる」という方向性が示されている。

留学生30万人の目標は19年に達成されたが、留学生の日本での就職は、どのような状況になっているのだろうか?

図4・2　日本で就職した外国人留学生数の推移（2006～2018年）

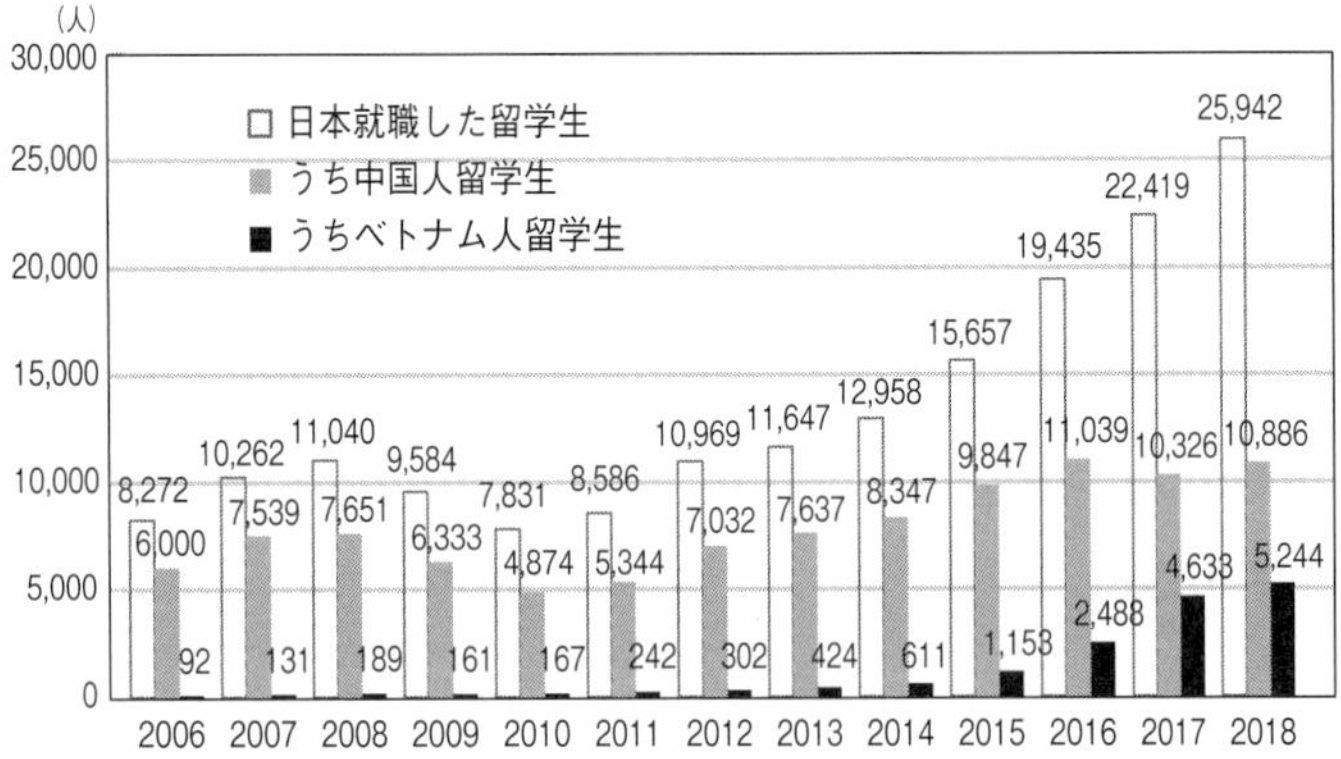

出典：法務省データに基づき筆者作成

図は、06年以降の日本で就職した留学生数の推移を示している。日本で就職する留学生は、リーマンショックにより一時落ち込んだものの、11年以降増加に転じ、18年には2・6万人と、06年の3・1倍に上っている。日本語習得に強みを有する中国人留学生（18年就職者の42％）のみならず、最近はベトナム人（同20％）、ネパール人（同11％）など、非漢字圏出身で日本に就職する者も増加している。

しかし、日本企業に就職した留学生の定着率は必ずしも高くない。14年に経済産業省が新日本有限責任監査法人に委託して行った調査では、日本企業で働く元留学生で、今の職場で「できるだけ長く働きたい」者は35％にとどまり、10年程度が8％、5年程度が22％、3年以内が17％という結果であった。外国人社員の定着を妨げる要因としては、▽年功序列制が昇進昇給の遅さにつながっていること▽残業が多いこと▽外国人社員に対する配慮が足りないこと――などが指摘されている。

定着のためのヒントは？

それでは、外国人社員には、どんな配慮が必要なのだろうか？

厚生労働省の委託で、全国民営職業紹介事業協会が外国人材検討部会（筆者も委員として参加）を組織して作成した『外国人材の職業紹介に関する基礎知識』（19年）には、外国人材定着のためのヒントとして、次の点が挙げられている。
○簡単に、わかりやすく「やさしい日本語」で話す
○空気を読まなければいけないような、遠回しな言い方を避ける
○外国人が日本を理解するというより、「お互いが理解し合う」ようにする
○「○○人だから」と一般化して理解せず、一個人として尊重する
○キャリアパスを明確化する

○メンター制度も有効

留学生は、日本人ほど日本語ができるわけではないし、「空気を読む」といった日本独特のコミュニケーションに必ずしも習熟していない。そのような彼らのハンディに配慮するとともに、こちらも相手の文化を理解するという歩み寄りが重要である。

外国人社員を採用して海外売り上げを伸ばしたある中堅企業では、元キャビンアテンダントの方が外国人社員のメンター役として活躍していた。語学力に加え、彼らの国を訪問し、文化的背景を理解している点を買われたそうである。

コロナ禍は、留学生の就職にも深刻な影響を及ぼしている。就職情報会社ディスコが20年7月に大学4年、修士2年の留学生に対して行った調査によれば、コロナ禍により、就職活動に「とても影響がある」という回答が54％で、「やや影響がある」（38％）と合わせると9割を超えている。ホテル・旅行など外国人留学生の採用を積極的に行ってきた業界と、コロナの影響を大きく受けた業界が重なったため、志望業界・企業の変更を迫られる人や、内定取り消しとなる人も増えている。

しかし日本の生産年齢人口が２０４０年に21％減少すると予測される中、外国人の雇用は、今後着実に増加していく、日本語や日本文化を理解する留学生は、日本社会への受け入れが最も容易で、日本人と他の外国人との橋渡し役としての役割も期待できる人材である。多文化共創（Multicultural Synergy）は、異なる文化背景の人たちが協働し、互いの強みを生かし、相乗効果を発揮する状態を指している。留学生を大切な人材として扱い、働きやすい環境を整えることが重要である。

●参考文献

厚生労働省（2019）『外国人材の職業紹介に関する基礎知識―職業紹介従事者のための資料集』全国民営職業紹介事業協会

4.3

来日留学生に正しい情報でサポートを

マハルザン・ラビ

大東文化大学スポーツ科学部非常勤講師。多文化社会研究会理事。ネパール出身。母国の大学院で英文学を学び、２００９年10月留学生として来日。その後、日本語学校に通い、２０１８年大東文化大学大学院博士課程後期課程を修了。博士（英語学）。関心ある分野は言語、異文化対立とアイデンティティ。現在はネパール人留学生の問題、在日ネパール人のアイデンティティ問題について研究している。

提言

留学生は日本の社会に貢献できるように大学・専門学校を卒業したあとのサポートが大切である。彼らに正しい情報を提供し、就職に必要なスキルアップする対策を始めよう。

雇用を求めて来日するネパール人

ここ数年、来日するネパール人が急増している。法務省（2019年12月）の統計によると、19年6月末に日本に住んでいるネパール人は9万5050人。そのうち約30％（2万8268人）が留学生で、「技術・人文知識・国際業務」の在留資格で日本の企業などで働いているのは12％（1万1148人）、家族滞在の在留資格で住んでいるのは約29％（2万7792人）、そして技能の在留資格では約13％（1万2639人）、残りの16％（1万5203人）が永住などの在留資格で在住している。

一方、ネパール人が来日する理由は様々だが、主に▽自国で雇用機会が少なく生活が安定しない▽日本へ行ったら働ける▽将来が明るい――という人が多い。特に留学生たちは大きい夢や希望を持って来日する。

留学生らのイメージでは、日本はアルバイト・仕事などが簡単にできる、お金を稼げる、就職ができる、豊かな国である。しかし、日本に来たばかりの頃は言葉や文化の壁にぶつかって大変な思いをする人々が大勢いる。留学生の悩みはそれだけに限らない。彼らにとって卒業後の就職の問題はもっと大きい。「3月に卒業したが、就職が決まらず不安だ」。都内の専門学校を卒業後、就職が見つからず、不安な日々に悩むネパール人留学生マハルジャン・アニールさん（31）、来日から3年9カ月（2020年7月現在）。地元の友人2人と6畳の部屋を共有し、就職先を一生懸命探しているが、実はネパールの大学を卒業している。彼は「ネパールで大学を卒業しても仕事がないので、銀行から100万円借りて日本に留学することを決断しました」という彼。日本で働いて安定した生活を望んでいる。だが、まだ先は見えない状態だ。「卒業前に就職活動をしたかったが、成績が低く、日本語能力も足りなかったので自信がなかった」と語る。このままだと帰国する道しかないと思い、仲介や求人企業を使って一生懸命に就職先を探している。しかし、いつ就職の道にたどりつけるのかはまだ分からない。

偏った情報の中で

ネパールの留学生たちは日本語学校を修了後、大学よりも専門学校に入学する傾向が多い。それは専門学校の学費が安い、卒業しやすいといううわさが広がっているからと考えられる。自分の判断よりも友人やネパール人コミュニティーの傾向に従って動く人が多い。「日本語学校を卒業後、大学に入学したかったが、大学の情報が得られなかったので専門学校に入学した」。現在、大阪在住のラビン・カルキさん（28）が語る（2020年7月現在）。2011年に来日した彼は日本語学校を修了後、専門学校、そのあと大学に編入、またそのあと1年、日本の企業で働き、最後は大学院に入学した。去年（2020年）、大学院を修了し、大阪にある協同組合に所属し、ネパール人技能実習生の受け入れ作業を担当している。「就職をするかどうか悩んでいたところ、日本語学校に通っていた時のベトナム人の友人から声をかけられ、現在の仕事をしている」と言う。一方、通常通り就職活動をして就職する留学生もいるが、彼のように友人や知り合いから紹介があって就職するケースや、仲介業者を使って料金を払い就職するケースがたくさんある。

このことからネパール人留学生の就職までの道のりにはいくつかのパターンがあることが明らかである。一部の学生を除いて具体的にみると、①日本にいる多くのネパール人留学生は卒業後の計画がない、②雇われる企業

在住ネパール人 95,050 人（法務省：2019 年 12 月）

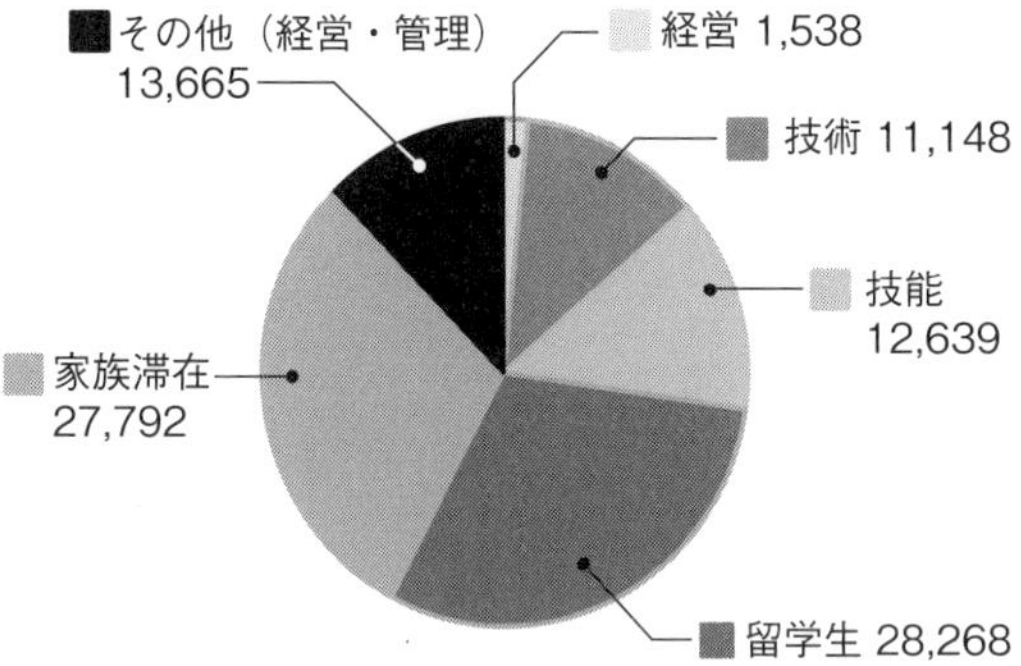

の水準に達する日本語能力が足りない、③就職活動における基本的な知識が少ない――などだ。さらに、就職のため友人の紹介や仲介・求人企業を活用する人が多くみられる。そのため、コンビニエンスストアや飲食店、ホテル、不動産、派遣会社などで働くネパール人が増えている。

この問題に対し、▽就職に必要なスキルアップできるプログラム▽相談センター▽日本語を学べるモチベーションと環境――を作る必要がある。日本において留学生は重要な人材であり、留学生の安定した着地を考えていく時代にきている。ネパールのような途上国から来る留学生は卒業後帰国すると日本で得た教育と技能を使える場所がなくなる。しかし、日本に残り雇用機関に所属することができればｗｉｎ－ｗｉｎの状況になると思われる。政府は今後どのような留学生対策するのか。留学生を雇い、留学後も後悔されない国になるよう、日本は気づき〝愛〟の国としてアピールしていくことが大切だと思われる。

特に今回、新型コロナウィルスの感染拡大の影響で就職が決まらない、内定があっても取り消されるケースが多く、先の道が見えないという留学生に正しい情報を与えてサポートする必要がある。

多文化社会への課題

グローバル市民として、共に考え、共に生きる時代へ

――在住ネパール人からみた日本社会

マハルザン・ラビ

【プロフィールは98頁参照】

提言

外国人も日本社会の一員として安心して暮らせるようになるには政府の対策が必要である。住民が愛される社会を作るため、日本人と外国人がグローバル市民として生きるため、外国人が自立できる場所を作るために共に考えよう。

はじめに

在住ネパール人の主な問題点として現時点で取りあげられるのは次の点である。①言語面の問題、②留学生の就職問題、③子育て問題、④ビザの問題。具体的には、言語面の問題としては、日本で生活するために必要な言語「日本語」を「話す」「書く」「読む」「聞く」ことがで

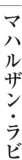

きない（限りがある）ため、日常生活で生じる様々な問題が出てくると考えられる。例えば、役所から届く書類が読めない、申請書に記入できない、日本語で提供されている必要な情報が分からないので困っているという人々がいることである。在住ネパール人が日本語ができない原因は、日本に来るために言語資格が必要ではないので勉強していない、来日後も日本語を勉強するモチベーションがないためだと考えられる。

それに関連し、日本にいるネパール人留学生は大学（専門学校を含む）を卒業しても就職ができない、仕事が見つからないという傾向がみられる。それも留学生が将来の計画がない、留学生をサポートする対策がないためだと思われる。また、最近は在住ネパール人の家族滞在が増加するにつれて、子どもの教育や養育に悩む親も増えている。特に子どもを日本の学校（小・中・高）へ行かせるか、インターナショナルスクール（英語を中心に教える学校など）に行かせるか、どうしたらいいのか分からないというケースが多い。これはアイデンティティの問題とも関連している。そして日本のビザ制度が厳しいので自分の滞在期間がいつまでになるか心配であり、気軽に相談できる窓口がないという問題もある。

このことから、日本での滞在は問題ばかりあるように見えるが、困難を抱えながらも、成功した人々の多くの例もある。つまり、日本には困難だけではなく、機会もあるということである。例えば、留学生として来る人は、適切なカウンセリングや指導を受ければ、自分の能力に応じて仕事ができるところが多いと言える。これに関連して、筆者が日本に滞在中に経験したことのいくつかを共有したいと思う。

在住ネパール人からみた日本社会

筆者が2009年10月に留学生として来日する前の日本のイメージは、日本人はみんな金持ちである、日本でたくさんのお金を稼げる、日本に行ってからの未来は明るいというものであった。しかし、夢と現実は異なり、初めのころの日本での生活は大変であった。例えば母国に比べ物価が高かった、アルバイトがすぐに見つからなかった、日本語が通じなかった、など。一時期、最大6~7人とが同じ部屋に住んでいたこともあった。しかし、日本社会と日本語を理解することで、生活は楽になり日本社会で生きる価値が見えてきた。そして人とのつながりを力にして、自分のコミュニティに少しでも貢献することができた。

ある日、筆者の友人が、突然、胃の調子の問題で病院に行かなければならなかった。どこに行けばいいのかわからなかったので、居住地の区役所のウェブページにある健康相談センターに連絡をした。日本語があまり話せないので、英語が話せる病院や診療所はないかと聞いてみた。しばらくすると、英語を話せるいくつかのクリニックを知らされた。他にも多くの同様の経験がある。例えば、外国人向けのホットラインサービスに情報を聞いてみると、必要な答えが返ってくることがよくある。

このようにネパールの友人や知り合いの問題を調べ、日本の区役所や診療所に電話をかけたり、翻訳したり、通訳したりする活動を始めた。そして日本人と意見交換や文化交流もしてきた。筆者の個人的な経験では、日本には外国人を助ける多くの団体がある。自分が住んでいる区役所には、外国人のための相談センターも設置されている。よくよく探してみると、様々な問題についてアドバイスをもらえるところがある。現在は、以前ほど、ネパール人が日本での生活についての情報を得るのは難しくない。ネパール語で情報を提供するウェブサイトがたくさんある。それでも日本の暮らしは大変という在住ネパール人が少なくはない。それは対策だけでは問題の解決にならないからだと考えられる。

今後の課題

日本の政府や自治体は、外国人が日本で問題なく生活できるように、様々な政策を策定している。例えば、コロナの流行時には、多言語情報、相談センターの運営、外国人が直面している問題を直接理解するための外国人との相談対応、日本の政策ルールの説明などがある。しかし、ここで私たちネパール人が果たす役割も重要である。例えば、外国で生き残るために必要な言語を学び、仕事のスキルを習得し、外国人のために地元の団体によって作成されたウェブサイトを見て、相談センターで相談して理解し、地元の人と交流することは私たちの責任である。同時に、多文化社会を構築するためには、物事を孤立させるのではなく、一つにまとめることに注力する必要がある。外国人も日本社会の一員として安心して暮らせるようになるには対策と共に「気づき愛」が重要である。住民が愛される社会を作るため、グローバル市民として生きるため、外国人が自立できる場所を作るため共に考えていく必要がある。各コミュニティとの連携やニーズがある方々に対策の効果があるかどうかが課題だと思われる。

第5章

住民サービス

1 やさしい日本語

2 図書館の多文化サービス

多文化共生関連の法令や閣議決定等

5.1

やさしい日本語

「優しい」と「易しい」で伝えることから

坂内 泰子（ばんない やすこ）

神奈川県立国際言語文化アカデミア教授、多文化社会研究会理事。
神奈川県で日本語ボランティアの養成、外国籍県民への日本語教育、そして公務員の「やさしい日本語」研修などに携わってきた。地域の日本人・外国人・公務員という三者に関わってきたことで、多文化社会における「それぞれ」の思いや限界を踏まえた上で、ともに考え話し合うことの重要性を痛感している。日本語教材『つながるにほんご』（神奈川県 2013、共著）ほか。

提言

「やさしい日本語」は多文化共生・共創社会のコミュニケーション・スキルである。だが、一律に簡単にするのではなく、相手に合わせて調整した「やさしい日本語」を使いたい。

日本語母語話者が日常的に使う日本語を、難なく理解できる外国のかた（正確には国籍に関係なく、日本語を母語としない人）は、さほど多くない。そんな人のために母語話者の日本語を、相手の日本語力に合わせて調整し、わかりやすくしたものが「やさしい日本語」である。「やさしい」は「優しい」と「易しい」の掛詞《かけことば》で、相手とわかり合いたいという優しい気持ちをもとに構文や単語、言いまわし等を易しくしたコミュニケーションの手法といえる。

災害を契機に

そもそも「やさしい日本語」の誕生は、阪神・淡路大震災の際に、外国人被災者に情報が伝わりにくく、死亡率も日本人より高かったという事実[i]を前に、災害時の外国人への情報伝達の研究が始まったことによる。外国語でなく、日本語で伝えるという考え方は、すぐ実践の現場に取り入れられて、「やさしい日本語」は、救援や復旧に携わる全国の公務員やＮＰＯなどに用いられ、現場の工夫が加わり、次第に平時でも活用されるようになった。筆者と関わりの深い神奈川県では、以前から窓口業務や保健福祉関係の現場で、都市部に限らず積極的に使われており、現在、行政は全国的にこうした流れの中にある。２０２０年８月には、法務省でも

「在留支援のためのやさしい日本語」[ii]のガイドラインが設けられた。

阪神大震災以降、世界金融危機等による一時的な減少はあったが、在住外国人の数は増え続けた。この間、在留カード[iii]の創設やマイナンバー制度[iv]の開始といった大きな制度的変更があった。ともに多言語で周知が図られ、前者は日本語を含めた26言語での制度説明と6言語での具体的な切り替え案内が、後者は22言語での案内と6言語での詳細な説明が書かれ、参考として日本語が付された。しかし、そこにある日本語は両者ともに「やさしい日本語」とは呼びがたい。おそらく公的な情報をやさしく書き換えることへの抵抗があったのだろう。

コロナ禍での取り組み

ところが、2020年春の新型コロナウイルス感染症関連の情報提供では様子が一変した。厚労省をはじめとする諸官庁、東京都はもちろん、全国の自治体のホームページで「やさしい日本語」が用いられ、そこから感染防止の注意や検査や受診、生活支援等の案内が展開された。見出しだけを易しくして、その後は国や自治体国際化協会などへとリンクした自治体もあれば、知事や市長からの呼びかけを「やさしい日本語」で添えた自治体も多数ある。「やさしい日本

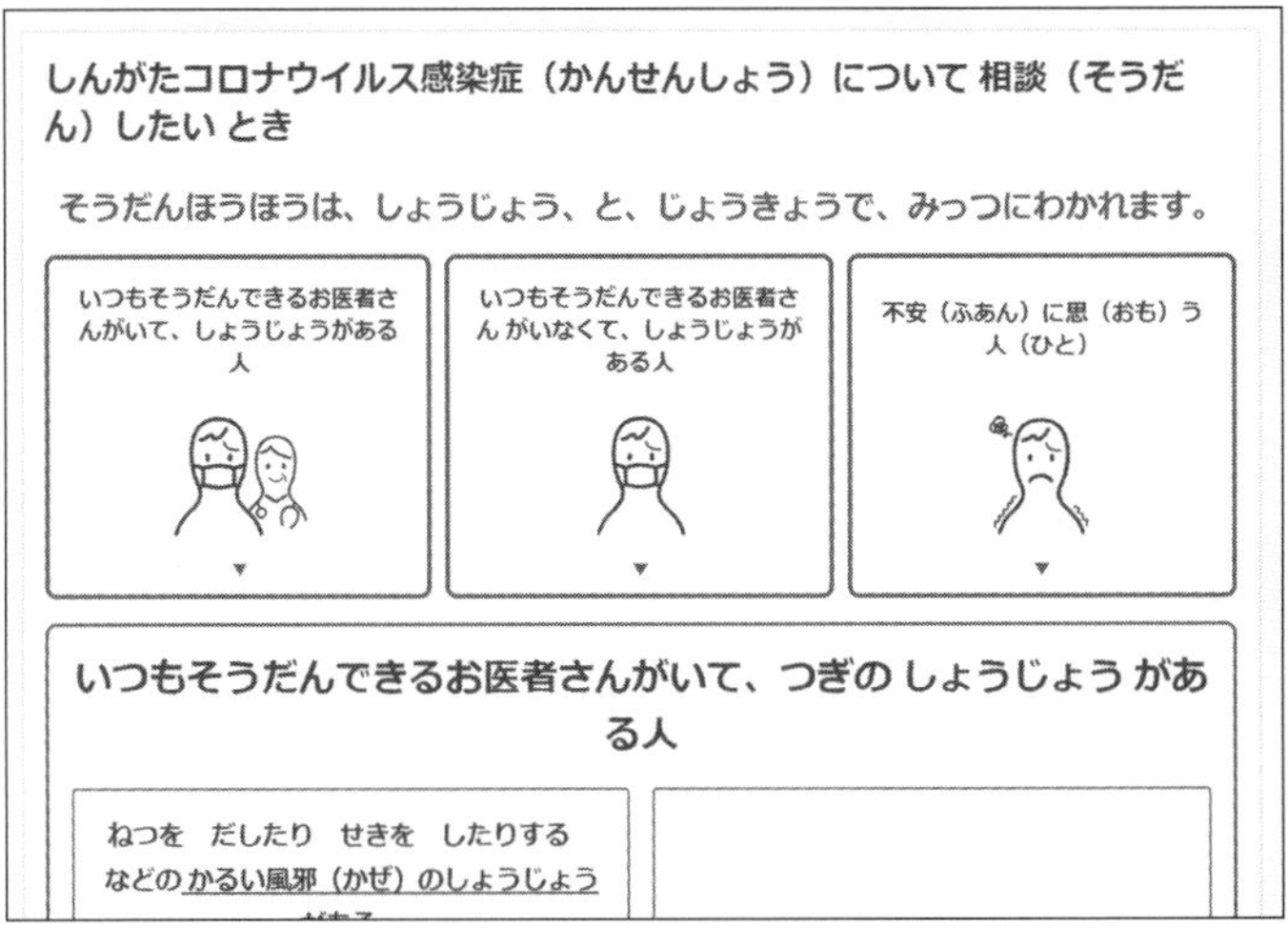
しんがたコロナウイルス感染症（かんせんしょう）について 相談（そうだん）したい とき
そうだんほうほうは、しょうじょう、と、じょうきょうで、みっつにわかれます。
いつもそうだんできるお医者さんがいて、しょうじょうがある人
いつもそうだんできるお医者さん がいなくて、しょうじょうがある人
不安（ふあん）に思（おも）う人（ひと）
いつもそうだんできるお医者さんがいて、つぎの しょうじょう がある人
ねつを　だしたり　せきを　したりする　などの かるい風邪（かぜ）のしょうじょう
「やさしい日本語」で外国人に周知した都のホームページ

語」での相談窓口も非常に多い。民間では動画と「やさしい日本語」を併用しての医療的な発信も行われた[v]。

東京都では、従来からホームページでは自動翻訳などの多言語の配慮がなされているが、コロナウイルス対策サイトの「都内の最新感染動向」[vi]での「やさしい日本語」化は際立っていた。言語選択で「やさしい日本語」を選ぶと、相談窓口への案内は言うまでもなく、日々の感染状況を伝える多くのグラフや図表のうち、半数以上の解説が易しく言い換えられる。毎日変わる最新感染動向がわかりやすい言葉で提供される。ビジュアルな工夫もわかりやすさに大いに寄与し、それはリンクされた「支援情報ナビ」でも同様である。

内容が専門的、あるいは制度的な事柄であるために、原文のままの部分も残るが、誤解を招くような無理な言い換えはむしろ避けるべきで、すべてを「やさしい日本語」で押し通す必要はない。平易な見出しを情報共有の第一歩として、その後に自動翻訳や多言語相談員が控えていればよい。少しでも日本語がわかる外国籍住民に日本人住民向けと同じ情報を提供しようとする姿勢こそが、国籍が違っても、同じ街に暮らす住民だという自覚と一体感を促すだろう。

今後、多言語翻訳は日々確実に進歩し、文字として目に映る「やさしい日本語」も一層洗練されていく。だが、対面して「やさしい日本語」で話せる人の存在はどんな時代にも欠かせない。外国のかたと向き合い、優しい気持ちで、相手の日本語力に合わせて、適宜構文や語彙の調整をしつつ、対話を重ねることは多文化共創の土台である。異なるものをすりあわせ、お互いに理解を深め、そこから新しいものを生み出すことは人にしかできない。国籍に関係なく、そこに暮らす人全員が「やさしい日本語」で話し合うことができれば、きっと豊かな実りが社会にもたらされるだろう。

i　http://www.bousai.go.jp/kyoiku/kyokun/hanshin_awaji/data/detail/1-1-2.html

ii　http://www.bousai.go.jp/kyoiku/kyokun/hanshin_awaji/data/detail/pdf/1-1-2.pdf
http://www.moj.go.jp/isa/support/portal/plainjapanese_guideline.html

iii　http://www.immi-moj.go.jp/newimmiact_1/

iv　https://www.cao.go.jp/bangouseido/foreigners/index.html

v　https://www.juntendo.ac.jp/co-core/consultation/yasashii-nihongo2020.html

vi　https://stopcovid19.metro.tokyo.lg.jp/

（いずれも２０２０年10月27日現在）

●参考図書

庵功雄「やさしい日本語―多文化共生社会へ」（岩波新書２０１６）

5.2

図書館の多文化サービス

――すべての住民の学びのために

阿部 治子（あべ はるこ）

自治体職員。

公益社団法人日本図書館協会「多文化サービス委員会」副委員長。「むすびめの会」（図書館と多様な文化・言語的背景をもつ人々をむすぶ会）事務局。「夜間中学校と教育を語る会」事務局。「多文化社会研究会」理事・事務局。

図書館、生活保護、自治・協働推進、文化複合施設開設準備、多文化共生推進などに携わる。

『多文化サービス入門』（共著、日本図書館協会、２００４）、『多文化社会の社会教育――公民館・図書館・博物館がつくる「安心の居場所」』（共著、明石書店、２０１９）、『インタラクティブゼミナール　新しい多文化社会論　共に拓く共創・協働の時代』（共著、東海大学出版部、２０２０）など。

提言

自治体は、すべての住民のためにある。国籍や出身、ルーツに関係なく同じ住民である。よって、日本国籍のない住民への行政サービスも、自治体の本来業務のひとつである。

ふるさとの訛なつかし
停車場の人ごみの中に
そを聴きにゆく
（石川啄木『一握の砂』より）

ある留学生は、故郷が恋しくなると、この短歌を思い出すという。その人にとっての「停車場」は、同郷が集う料理店と近くの図書館。区の職員に教えてもらい初めて図書館を訪れたとき、思わずうれしくて叫んでしまった。中国語で書かれた小説や日本のマンガが書架に並んでいたからだ。「図書館にいると異郷にいる孤独を忘れます」

私が読める本はありますか？

一方、「図書館に行ったことはありません」という人も。ネパールから料理人として配偶者と来日。子どもが区立の小学校に通っている。簡単な日本語は話せるようになったが、子どもが学校で渡された手紙の内容がわからない。「日本語を学びたい。子どもにはネパールの言葉や文化を教えたい。図書館には私が読める本はありますか？」

２０２１年1月1日現在、都内の外国籍住民人口は約45万7千人、都内区部ではおよそ20人に１人が外国籍住民である。都内の外国籍住民の国籍の内訳は、中国が約22万人、韓国が約8万8千人、ベトナムは約3万7千人、フィリピンは約３万３千人、ネパールは約２万５千人。

このような多文化社会において、図書館の果たすべき役割は何だろうか？

日本の図書館の障害者サービスは「図書館利用に障害のある人へのサービス」という視点から、心身障害者、高齢者、非識字者、入院患者、施設入所者、施設収容者、外国人などが含まれるとされている。この場合の〝障がい〟とは「図書館側の障害」として捉え直す必要があるとされ、外国人等へのサービスは「障害者サービスの一分野」として発展してきた。

２０１２年に施行された「図書館の設置及び運営上の望ましい基準」では、「外国人等に対するサービス」を児童・青少年、高齢者、障害者、乳幼児とその保護者、来館が困難な者へのサービスと同様、公立図書館の基本的なサービスのひとつに挙げている。

このサービスは「多文化サービス」ともいい、民族的・言語的・文化的少数者である外国籍住民のほか、国籍は日本でもアイヌ、中国帰国者、帰化した人などを主たる対象としている。

２０１５年に日本図書館協会多文化サービス委員会が実施した『多文化サービス実態調査

多文化サービスを知るための参考図書

2015報告書』によれば、回答のあった全国1182の公立図書館のうち、1019館が外国籍住民に対するニーズ調査について「事例がない」と回答。そのため、多文化サービスの課題として最も多かった回答も「地域の外国人ニーズが不明」(847館)という結果となった。

これより新しい調査としては、2017年に東京都が実施した『平成29年度東京都区市町村の国際政策の状況』がある。都内の区市町村立図書館60館(1自治体につき1館として筆者集計)の8割が英語、6割が中国語、5割強が韓国・朝鮮語の資料を持っていると回答。一方、ベトナム語、タガログ語(フィリピン語)は各3館、ネパール語の資料を持っていると回答した図書館は1館と少ない。

情報や知識に公平にアクセスできる原則を守る

２００９年に成立した「ＩＦＬＡ／ＵＮＥＳＣＯ多文化図書館宣言」には「文化的・言語的多様性は、人類共通の遺産」であり、「すべての人が情報や知識に公平にアクセスできるという原則を守ることが、図書館サービスの基本」とある。

文化・言語的多様性を尊重した図書館サービスは、海外にルーツをもつ住民の母語保持や文化の伝承支援のみならず、日本のアイヌ語や各地域に伝わる言語（ふるさとの言葉）・伝統文化の保存・継承支援をも含んでいる。

筆者が関わっている、１９９１年に発足した「むすびめの会」（図書館と多様な文化・言語的背景をもつ人々をむすぶ会）は、すべての住民の学びを保障すべく様々な学習会を重ね、年4回発行の機関誌『むすびめ２０００』は２０２１年4月に１１４号を迎えた。「むすびめの会」には、図書館員や研究者、出版関係者、国際交流団体職員、翻訳者、作家、日本語学習ボランティア、ＮＰＯ・ＮＧＯ関係者、住民、学生、留学生などが参加しているが、「むすびめの会」との協働により、新たに多文化サービスを始めた公立図書館も少なくない。

コロナ禍により生活苦に陥り、助けを求める人々が急増している中、家族と離れ異国の地で暮らしている人は、孤独や不安をより強く感じるだろう。そんなときに図書館での一冊の本との出会いが、その人の命をも救うことがあるかも知れない。

今こそ図書館が、すべての住民にとっての安心の居場所や癒し、生きる力を得られる場になるよう、多文化サービスの〝はじめの一歩〟を一緒に踏み出してみませんか?

多文化共生関連の法令や閣議決定等

阿部 治子（あべ はるこ）
【プロフィールは116頁参照】

自治体が、多文化共生関連施策を実施する際の参考になり得る法令条文や閣議決定された内容の一部を例示する（原則、時系列）。

■学校教育法（昭和二十二年法律第二十六号）（抄）

第二十一条

一・二（略）

三　我が国と郷土の現状と歴史について、正しい理解に導き、伝統と文化を尊重し、それらをはぐくんできた我が国と郷土を愛する態度を養うとともに、進んで外国の文化の理解を通じて、他国を尊重し、国際社会の平和と発展に寄与する態度を養うこと。

■地方自治法（昭和二十二年法律第六十七号）（抄）

第一条の二　地方公共団体は、住民の福祉の増進を図ることを基本として、地域における行政を自主的かつ総合的に実施する役割を広く担うものとする。

②（略）

第十条　市町村の区域内に住所を有する者は、当該市町村及びこれを包括する都道府県の住民とする。

②　住民は、法律の定めるところにより、その属する普通地方公共団体の役務の提供をひとしく受ける権利を有し、その負担を分任する義務を負う。

■図書館法（昭和二十五年法律第百十八号）（抄）

第七条の二　文部科学大臣は、図書館の健全な発達を図るために、図書館の設置及び運営上望ましい基準を定め、これを公表するものとする。

●図書館の設置及び運営上の望ましい基準（平成二十四年十二月十九日文部科学省告示第百七十二号）（抄）

一　市町村立図書館

1～2（略）

3　図書館サービス

（一）～（三）略

（四）利用者に対応したサービス

ア～エ（略）

オ（外国人等に対するサービス）外国語による利用案内の作成・頒布、外国語資料や各国事情に関する資料の整備・提供

■人権教育及び人権啓発の推進に関する法律（平成十二年法律第百四十七号）（抄）

第一条　この法律は、人権の尊重の緊要性に関する認識の高まり、社会的身分、門地、人種、信条又は性別による不当な差別の発生等の人権侵害の現状その他人権の擁護に関する内外の情勢にかんがみ、人権教育及び人権啓発に関する施策の推進について、国、地方公共団体及び国民の責務を明らかにするとともに、必要な措置を定め、もって人権の擁護に資することを目的とする。

■文化芸術基本法（平成十三年法律第百四十八号）（抄）

前文（一部抜粋）

文化芸術は、人々の創造性をはぐくみ、その表現力を高めるとともに、人々の心のつながりや相互に理解し尊重し合う土壌を提供し、多様性を受け入れることができる心豊かな社会を形成するものであり、世界の平和に寄与するものである。更に、文化芸術は、それ自体が固有の意義と価値を有するとともに、それぞれの国やそれぞれの時代における国民共通のよりどころとして重要な意味を持ち、国際化が進展する中にあって、自己認識の基点となり、文化的な伝統を尊重する心を育てるものである。

第十九条　国は、外国人の我が国の文化芸術に関する理解に資するよう、外国人に対する日本語教育の充実を図るため、日本語教育に従事する者の養成及び研修体制の整備、日本語教育に関する教材の開発、日本語教育を行う機関における教育の水準の向上その他の必要な施策を講ずるものとする。

■本邦外出身者に対する不当な差別的言動の解消に向けた取組の推進に関する法律（平成二十八年法律第六十八号）（抄）

前文（一部抜粋）

ここに、このような不当な差別的言動は許されないことを宣言するとともに、更なる人権教育と人権啓発などを通じて、国民に周知を図り、その理解と協力を得つつ、不当な差別的言動の解消に向けた取組を推進すべく、この法律を制定する。

第一条　この法律は、本邦外出身者に対する不当な差別的言動の解消が喫緊の課題であることに鑑み、その解消に向けた取組について、基本理念を定め、及び国等の責務を明らかにするとともに、基本的施策を定め、これを推進することを目的とする。

■義務教育の段階における普通教育に相当する教育の機会の確保等に関する法律（平成二十八年法律第百五号）（抄）

第三条　教育機会の確保等に関する施策は、次に掲げる事項を基本理念として行われなければならない。

一～三（略）

四　義務教育の段階における普通教育に相当する教育を十分に受けていない者の意思を十分に尊重しつつ、その年齢又は国籍その他の置かれている事情にかかわりなく、その能力に応じた教育を受ける機会が確保されるようにするとともに、その者が、その教育を通じて、社会において自立的に生きる基礎を培い、豊かな人生を送ることができるよう、その教育水準の維持向上が図られるようにすること。

五　（略）

外国人材の受入れ・共生のための総合的対応策（平成三十年十二月二十五日外国人材の受入れ・共生に関する関係閣僚会議決定）（一部抜粋）

Ⅰ　基本的な考え方

総合的対応策は、外国人材を適正に受け入れ、共生社会の実現を図ることにより、日本人と外国人が安心して安全に暮らせる社会の実現に寄与するという目的を達成するため、外国人材の受入れ・共生に関して、目指すべき方向性を示すものである。

政府としては、条約難民や第三国定住難民を含め、在留資格を有する全ての外国人を孤立させることなく、社会を構成する一員として受け入れていくという視点に立ち、外国人が日本人と同様に公共サービスを享受し安心して生活することができる環境を全力で整備していく。

日本語教育の推進に関する法律（令和元年法律第四十八号）（抄）

第一条　この法律は、日本語教育の推進が、我が国に居住する外国人が日常生活及び社会生活を国民と共に円滑に営むことができる環境の整備に資するとともに、我が国に対する諸外国の理解と関心を深める上で重要であることに鑑み、日本語教育の推進に関し、基本理念を定め、並びに国、地方公共団体及び事業主の責務を明らかにするとともに、基本方針の策定その他日本語教育の推進に関する施策の基本となる事項を定めることにより、日本語教育の推進に関する施策を総合的かつ効果的に推進し、もって多様な文化を尊重した活力ある共生社会の実現に資するとともに、諸外国との交流の促進並びに友好関係の維持及び発展に寄与することを目的とする。

第二条（略）

第三条　日本語教育の推進は、日本語教育を受けることを希望する外国人等に対し、その希望、置かれている状況及び能力に応じた日本語教育を受ける機会が最大限に確保されるよう行われなければならない。

2～6（略）

7　日本語教育の推進は、我が国に居住する幼児期及び学齢期（満六歳に達した日の翌日以後における最初の学年の初めから満十五歳に達した日の属する学年の終わりまでの期間をいう。）にある外国人等の家庭における教育等において使用される言語の重要性に配慮して行われなければならない。

第6章

教育政策・言語教育

1 外国人の教育ニーズ
2 SDGs「行動の10年」における大学の役割
3 第二言語の習得
4 未来の「宝物」を育てる母語教育

6.1

外国人の教育ニーズ

――幅広い学習機会の提供を

渡辺 幸倫（わたなべ ゆきのり）

相模女子大学学芸学部教授。多文化社会研究会副理事長。山口県生まれ。早稲田大学大学院教育学研究科 博士後期課程退学。大東文化大学非常勤講師、立教大学兼任講師などを経て現職。日本社会教育学会、日本国際教育学会会員。

人の移動と教育の問題に関心を持っていて、最近は国際結婚家庭の子育てについいて研究しています。研究成果を漫画でも発信しています。

詳しくは、参考文献の欄をごらんください。

提言

地域住民の学びを支えてきた社会教育施設には豊富な経験を活かした学習機会の提供が求められている。まずは外国系住民の学習ニーズの掘り起こしから始めよう。

外国出身の住民を生活者として受け入れようとする考え方が広まっている。東京がその先端の一角を占めるのは間違いない。ここではまず近年の東京の動きを概観してみよう。

２０１６年の「東京都多文化共生推進指針～世界をリードするグローバル都市へ～」で基本目標として、「多様性を都市づくりに生かし、全ての都民が東京の発展に向けて参加・活躍でき、安心して暮らせる社会の実現」を掲げた。外国人も東京都の一員としてしっかりと位置づけたことは意義深く、それまでの「支援の対象となる弱者」「顔の見えない労働力」といったステレオタイプの外国人像を脱却しようとする意志が感じられる。行政の各部門ではこの指針で示された考え方を現状に合わせて解釈し、日々の業務へと展開することが求められている。

新型コロナウイルスの影響で入国外国人数は激減したが、外国人住民数はさほど減少していない。外国人住民を東京都民の一員として処遇していく動きはコロナ以前から加速していた動きであり、これを遅らせる理由はない。そのためには、行政の各部門が、基本方針のもとに置かれている三つの施策目標（①日本人と外国人がともに活躍できる環境の整備、②すべての外国人が安心して暮らすことができ、また生活をより楽しむために必要なサポートの充実、③グローバル都市にふさわしい、多様性を尊重し、共に支え合う意識の醸成）を達成するために、日々の業務の中で必要な行政サービスを提供することだ。一例をあげれば、都内でも区市町村で実施されている外国人支援施策の内容や程度には差があるのが現状だ。優良事例やノウハウの共有など区市町村を超えた協働を進めることなどがあげられるだろう。自立した都民を増やす取り組みが、自治体としての東京都への信頼を高め、結果として日本をリードしていくものになるだろう。

社会教育の役割

さて、筆者は近著『多文化社会の社会教育』（2019）（明石書店）で、多文化多民族化が進行する日本で、住民自治の経験を積み上げてきた社会教育がどのような役割を果たせるのかを問うた。概して外国人の教育については、子どもの日本語指導や国際交流部門の提供する日本語教育に焦点があたりがちだ。日本語は暮らしのあり方を左右する重要な要素であり、緊急性、必要性の高い分野である。しかし、社会教育や生涯学習を含む、その他の分野の教育が十分に提供されているのかは今一度問い直す必要がある。

2018年に法務省により示された「外国人材の受け入れ・共生のための総合的対応策」では、全国の自治体が設置する一元的相談窓口支援の強化が表明され、医療、在留手続き、福祉

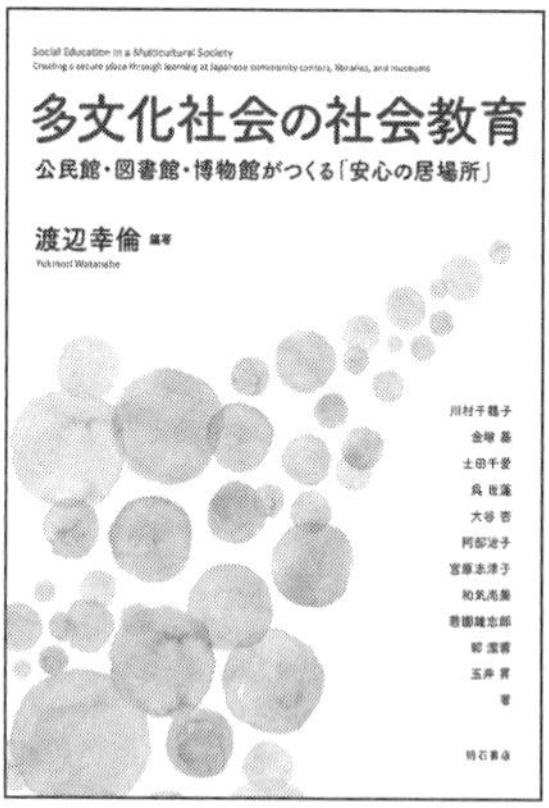

筆者の編著『多文化社会の社会教育』

などに関する情報提供や相談受付の拡充が進められている。対象にはすべての外国人が含まれる。これまで自治体ごとに対応に苦慮してきた経緯を考えれば、統一的な対応の指針が示されたことは大きな前進である。各地の窓口運営は行政の外国人相談業務を拡大する形で行うことが多いようだ。過去の経験も活かしやすく連続性も保ちやすいであろう。しかし、これまでと同じアプローチにとどまると「生活に困らないように」という目標設定に対応した生活情報や日本語教育の提供にとらわれ、社会の仕組みや個人の権利・義務、趣味や職能の開発などを含む「より豊かに生きる」ことを目指した学習の機会が十分に提供されるのかが懸念される。

基本的人権の実現に向けて

いうまでもなく、この懸念の背景には人権としての幸福追求の権利や教育を受ける権利の実現が念頭にある。どの国や地域から来た外国人も日本国内に住む限りこれらの権利は基本的人権として認められるというのは確認しておきたい立場だ。特に2018年の入管法改正では日本国の意志として外国人を招き入れることを表明した。字義どおりの「国民」でないからといって、これらの人々の権利が保障されないということは許されない。外国人のためにも日本人と同様、一人ひとりが自己の人格を磨き、豊かな人生を送ることができることを目指した、幅広い学習機会が提供されなければならない。

　このような社会状況の中、これまでも連綿と地域の学習ニーズをくみ上げてきた公民館、図書館、博物館などの社会教育施設が、変化する住民構成に応じてその活動の内容を変えていくことが期待される。しかし、これらの教育の提供も限られた予算や資源で行われるためやみくもな実施は不可能であり不適切だ。そのため説明可能で効率的な実施のためには十分な教育・学習ニーズの調査が必要だ。しかし、日本人の学習ニーズと同じような深さで外国人の多様な学習ニーズを調査している例は極めて少ない。

　筆者は近年外国人住民の教育ニーズ調査法の開発をめざすプロジェクトを進めている。外国人住民の教育ニーズをとらえることで、住民の言語的文化的背景や興味関心に応じた公民館講座の開催や図書館蔵書の調整などを可能にすることが目標だ。既に、テンプレートを多言語で作成し、ウェブでのアンケート実施、集計、報告書作成までを支援できる一式を頒布している。

自治体による本格的な調査は膨大な時間と予算が必要になる。なるべく情報技術を駆使することで予備的であったとしても新しい視点からの情報を簡単に得られるようにし、行政担当者が情報の分析や施策の立案に時間が使えるようにするというのがプロジェクトの意図だ。コロナ対策で情報技術の活用が進んだ。新しい取り組みを進める際の閾値《いきち》も下がった。各所で行われている業務の改善の一助になればと願っている。

●参考文献

渡辺幸倫編著『多文化社会の社会教育』明石書店、２０１９年

研究紹介

https://www.sagami-wu.ac.jp/faculty-introduction/english/yukinori-w/#kenkyu01

6.2

SDGs「行動の10年」における大学の役割

佐伯 康考（さえき やすたか）

大阪大学大学院国際公共政策研究科・特任准教授。
東京大学大学院医学系研究科国際保健政策学教室特任助教、大阪大学共創機構特任助教などを経て、現職。国際的な人の移動と未来共生社会の構築について研究を行っている。博士（経済学）。著書に『国際的な人の移動の経済学』（明石書店、２０１９）などがある。多文化社会研究会理事、移民政策学会国際交流委員・社会連携委員。

提言

持続可能で多様性と包摂性のある社会を実現するために、大学は高等教育の枠を超え、初等・中等教育や企業・自治体等の共創プラットフォームの役割を果たすべきである。

近年の世界は自国第一主義や移民排斥など、自分たちと異なるものを排除しようとする利己的な風潮が蔓延《まんえん》しており、コロナウィルスという国境を超える社会課題の影響によって、国際的な人の移動や多文化共創がさらに後退する恐れも生じている。しかし、自己や自国の利益を競って主張した先にどのような社会を実現したいのか、その未来図は十分に描かれていない。自らと異なるものとの交流から発生する摩擦やあつれきを「対立」ではなく、「原動力」として、新しい価値を生み出すための知恵を生み出すことは、大学が担うべき重要な社会的使命と言えよう。

特に2020年からは、2015年9月の「国連持続可能な開発サミット」において193の国連加盟国によって採択された「Transforming our world：the 2030 Agenda for Sustainable Development（2030アジェンダ）」に掲げられた世界共通目標となる「Sustainable Development Goals（SDGs）」達成に向けた取り組みを加速するための「行動の10年」が始まっている。世界の各地域社会におけるSDGs達成のためのアクション（SDGsローカリゼーション）が

DECADE OF ACTION

SDGs達成の取り組みのスピードを速め、規模を拡大するために2020年1月、「行動の10年（Decade of Action）」がスタート

喫緊の課題となる中、日本政府ＳＤＧｓ推進本部が策定した「ＳＤＧｓアクションプラン２０２０」では「人間の安全保障」の理念に基づき、世界の「国づくり」と「人づくり」に貢献することを明示している。

「共創」による「変革」

日本の全国各地においても変革のためのアクションが必要とされており、ＳＤＧｓローカリゼーションについて模索している自治体は少なくない。こうした中で大学はＳＤＧｓローカリゼーションの推進に向けて自治体関係者たちと連携し、留学生を含む学生たちや、産学連携を行っている企業などによる共創活動を推進するコーディネートの役割が求められている。ＳＤＧｓでは「誰一人取り残さない」持続可能で、多様性と包摂性のある社会を実現することを目指していることから、外国人・障がい者、若者・高齢者などあらゆる人々が、互いの持てる潜在力を認め合い、助け合い、高め合うことで多様性と包摂性を力に変え、よりレジリエントで持続可能な地域社会の未来図を描くことが大学に期待されている。

また、「２０３０アジェンダ」のパラグラフ51において、子どもたちと若者たちは「critical

agents of change：変化のための重要な担い手）」として掲げられており、より良い世界を創造するためには、子どもたちと若者たちの能力開発が必要不可欠である。そのため、大学は高等教育の枠を超えて、初等・中等教育とも連携し、ＳＤＧｓ推進の重要な担い手となる次世代人材育成に向けたリーダーシップを発揮するために行動することが求められている。

国立大学法人運営費交付金予算額推移

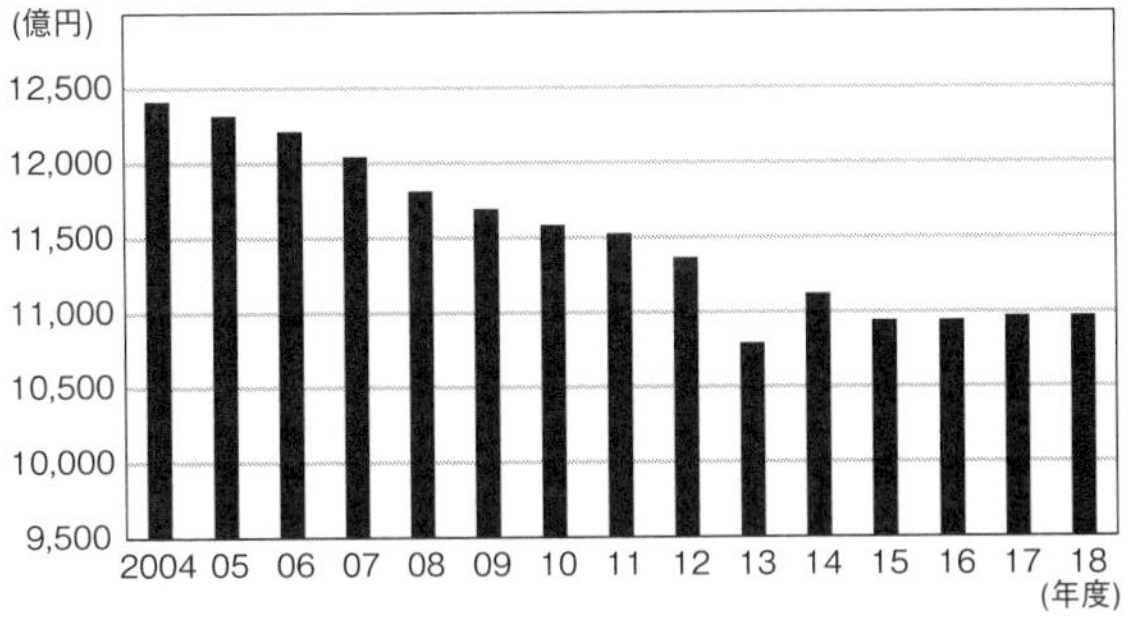

大学を取り巻く困難

このように大学が社会において果たすべき役割の重要性が増す一方、日本の大学経営が大変厳しい状況に置かれていることも事実である。文部科学省（２０１８）によれば、国立大学法人運営費交付金予算は国立大学が法人化された２００４年度の１兆２４１５億円から２０１８年度には１兆９７１億円まで約１４４５億円もの減額が行われている。大学が持続可能なかたちで社会に対して貢献していくためには、従来とは異なる新しい取り組み・イノベーションが必要不可欠な状況を迎えている。

イノベーションを「発明」したと称されるピーター・ドラッカーはイノベーションには「発想転換」が必要不可欠であると喝破した。この「発想転換」こそが、社会課題が複雑化する中で多様なアクターによる「共創」が必要とされる理由であると私は考える。実際、「2030アジェンダ」の優先課題として掲げられている5つのP（People、Planet、Prosperity、Peace、Partnership）と、SDGsの17あるゴールの17番目「Partnerships for the Goals」ではともにPartnership（パートナーシップ・共創）の重要性が強調されている。

自分とは異なる他者との共創によって、自分たちの常識の枠を意識的に外せばイノベーションに必要な発想転換は生まれやすくなる。産官学民による共創活動の意義は、まさにそこにある。日本の大学を取り巻く現在の困難な状況を打開するためにも、多様性から新しいイノベーションを生み出すハブとしての役割を担い、社会との共創によって大学の持続可能な発展を実現するという大学自身の「変革」と「行動」が必要とされているのではないだろうか。

6.3

第二言語の習得

――多言語と多文化の共生を

藤田ラウンド 幸世（ふじたらうんど さちよ）

国際基督教大学客員准教授

国際基督教大学修了（教育学博士）。専門は、社会言語学、バイリンガル教育。現在は消滅危機言語の宮古語と日本語のバイリンガリズム、及び、国際結婚家族のバイリンガル教育を研究。ウェブサイト「多文化共生を再考する」と「宮古島　伝承の旅」を運営。藤田ラウンド幸世（２０２０）「アジアの文脈における国際結婚家族とバイリンガル教育」『アジア文化研究』46、91―１０５、他。

提言

「話しことば」は自らのアイデンティティに関わり、「書きことば」は社会で生きる上でのコミュニケーションの言語となる。ＥＵのように、どの子どもも、母語、社会の言語、国際語を家族、学校、コミュニティの中で使えることを目指す、言語政策がグローバル社会に求められる。

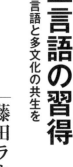

言語の習得順序と発達段階

第二言語は、「第一言語」との関わりの中でその輪郭がはっきりする。第一言語は、人間が一番最初に「獲得」する言語であり、最初に「話しことば」、次に「書きことば」と習得順序が決まっているが、第二言語は、言語の習得時の年齢、方法、学習経験、言語の組み合わせの違いなど、習得の個人差は千差万別である。

では、言語の習得を考える上で、改めて言語の四技能である「聞く」「話す」「読む」「書く」の習得順序とヒトの乳幼児期・子ども期の発達段階に目を向けてみよう。「話しことば」は、母親の胎内で人間の話す「音」を聴くことになり、誕生後には、言語の音の違いを「聞き」取り、自分自身で発音ができるようになる。次に相手話者の話すことばからその内容を理解した上で自分の考えを「話す」といった一連の習得のプロセスに従い発達する。言語形成期前期においては、0歳から7歳位の乳幼児期から子ども期に、家族や身の回りのヒトとの相互作用を通して、聞いて話すことを十分に発達させることが重要である。

8歳から13歳位の言語形成期後期においては、話せるようになった内容を基礎として、今度は「書きことば」で表現する段階に移る。書記言語としての日本語は、特に漢字は書くことだけではなく、「読む」ことも難しい。漢字が自由に読めないと、漢字の語彙《ごい》を文中に組み入れ、表現するまでに苦労をする。また、自発的に「書く」ためには、子どもが「話すように書ける」ようになるまでの様々な学習の工夫と練習するための十分な学習のための時間が必要である。言語形成期後期は、また、友達との関係性や社会の中の自分の立ち位置が気になり、アイデンティティが形成される時期と重なっている。

家庭内言語と学習言語を育てるための共創

日本で生まれ、日本語による義務教育を受けた場合、子どもの第一言語は日本語となるだろう。これは当然のように思われるかもしれないが、この中には日本育ちの多国籍の子どもも含まれる。言語を習得することと、本人の国籍は必ずしも一致するわけではない。例えば、朝鮮半島をルーツとする在日の子どもたちの第一言語が日本語であっても、また、国際結婚や移民の家庭で家族とのコミュニケーションを通して二つの話しことばを第一言語とするバイリンガルがいても驚くことではない。同時に、必ずしも全員が「バイリンガルになれる」わけではないということにも留意が必要だろう。それは、乳幼児期と子ども期を通して、家庭内の親と子どもがどのくらい話すのか、その時間と内容（語彙数）などの環境がないとことばは育たないからである。親の第一言語が日本語ではない場合、日常生活で親が仕事に忙しく家族間で話すことが少なくなると、子どもの第一言語は長い時間を過ごす保育園や幼稚園で習得する日本語となる。

第一言語を習得した後に、家族と共に日本に移住をした学齢期の子どもの場合は、親の言語選択や学校選択、また、実際の学校環境が第二言語となる日本語の習得に大きく影響する。特に、教育現場での「学習言語」は年齢に応じて高いレベルが求められるので、先に挙げた言語形成期の前期と後期とでは第二言語としての日本語習得のハードルの高さは異なる。親の都合で移住をした子どもがゼロから日本語を学ぶ時に、話しことばの基礎がないままに、書きことばが即時に必要な学校の授業に放り込まれたらどのような気持ちになるのかを想像してほしい。

21世紀の日本社会には、二言語以上を日常で使う個人や家族、様々な言語の組み合わせのバイリンガルとマルチリンガルがいる。日本社会で生きる上で日本語は必要であるが、家族との絆、自分自身の根っことなるルーツに関わる文化や言語も、アイデンティティ醸成の上で不可欠である。２０１９年の日本の在留外国人数は、アジア出身者が圧倒的に多数で、南米出身者と合わせると90%を超える。日本社会は、このような背景を持つ子どもが日本語と親のルーツ

日本の在留外国人（2019年6月総数＝2,369,688）

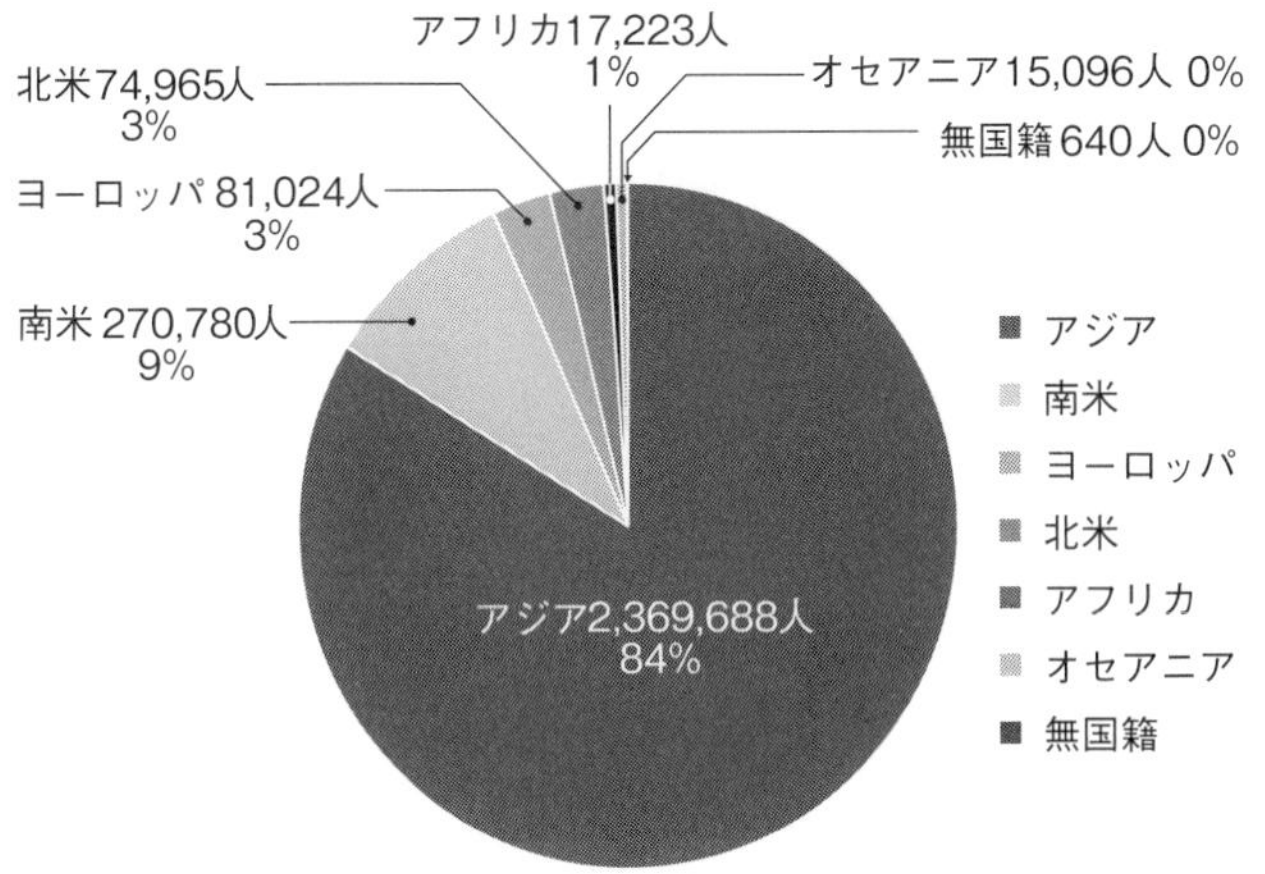

以下の出典から世界の地域別の小計を表とした
出典：法務省「在留外国人統計（旧登録外国人統計）／在留外国人統計」

のバイリンガル・バイカルチュラルとして育つ、多言語と多文化が共生できる空間を共創できるだろうか。豊かなことばと複数の文化を理解する「日本語」話者を育てることは、日本の活性化にもつながるという発想が必要ではないか。

第一言語は、人間として生きる上で必要な言語であるのに対して、第二言語はすべての人が必要とするものではないかもしれない。しかし、この両言語が十分に習得できない場合はどうなるのか。人と言語。第二言語を必要とする子どもの言語教育とアイデンティティの問題はグローバル社会においては、待ったなしの課題であろう。

6.4

未来の「宝物」を育てる母語教育

――ミャンマー語母語教室「シュエガンゴの会」の取り組みから

加藤　丈太郎（かとう じょうたろう）
【プロフィールは37頁参照】

提言

日本語と母語の両方を自由に使える子どもは未来の「宝物」になる。母語教室を持続可能にするためには、母語教育に取り組もうとする団体への財政的支援が必要である。国政、地方行政に対して母語教育に対するサポートの拡充を求めたい。

日本には3万2049人（2019年末現在）のミャンマー人が暮らしている。かつては難民もしくは難民認定申請によって在留許可を得た人たちが多かった。現在は留学生、就労系の在留資格で滞在する人も増えている。また、2世が日本で誕生し、世代も広がっている。本稿では、ミャンマー語母語教室「シュエガンゴの会」理事長であるチョウチョウソー氏へのインタビューから、母語教育・母文化継承の意義を考えたい。

ミャンマー料理レストラン「ルビー」

チョウ氏はミャンマーでの民主化活動への弾圧から逃れ、1991年に来日した。1998年に難民認定を得て妻を日本に呼び寄せ、2002年9月に豊島区にミャンマー料理レストラン「ルビー」をオープンした。「ルビー」は同胞の憩いの場となり、チョウ氏は難民認定申請の途上で問題を抱える同胞の相談にも乗ってきた。

当初、店は地下にあったが、2012年8月に現在のビルの1階（高田馬場駅徒歩5分）に移転した。地上に移ったことで、多くの日本人が店を訪れてくれるようになった。また、チョウ氏は大学やメディアで、ミャンマー人コミュニティが置かれている状況を日本社会に伝えてきた。

チョウチョウソーさん夫妻

チョウ氏は教育に強い関心がある。様々な日本人がチョウ氏の関心を酌み取ってくれ、共に活動を展開してきた。「ルビー」のすぐ横のアパートの1室を借り、語学教室（日本語・ミャンマー語・英語）を開いている。日本語教室は教科書をただ勉強するのではなく、日常生活に役立つ内容にしている。例えば、やさしい日本語でのニュースの聞き取りなどを取り入れている。また、七夕にはみんなで短冊に願い事を書いて、日本の習慣に触れるきっかけがあまりなかった者も習慣を理解できるようにしている。まさに本書の題名である「気づき愛」が体現されている教室である。

広がる子どもたちの未来

ミャンマー語母語教室「シュエガンゴの会」は日本に暮らすミャンマーにルーツを持つ子どもたちに母語や母文化を教えることを目的とし、２０１４年７月から活動を続けている。シュエガンゴはミャンマーの奇麗な花の名前を指す。ミャンマー人４人と日本人４人で理事会を構成し、協力し合って運営している。現在は８人の子どもが学んでいる。開設当初は母国で教員をしていた妻が教師を務めていたが、複数の年齢の違う子どもを教えるとなると複数の教師が必要となる。「ルビー」に食事に来ていた留学生の中から、やる気がある者に声をかけ、教師を担ってもらってきた。現在はミャンマーへの滞在歴がある日本人もボランティアとして加わ

鉛筆の削り方を教えながら、ミャンマー語の数字の形を覚えさせている教室の様子

り、教室の担い手は多様化している。

ミャンマーの政治状況が変化する中で、将来日本に残るか母国に帰るかどうか悩んでいる難民の家庭も多い。子どもたちは親が家でミャンマー語を話している場合、ある程度聞き取ることはできる。しかし、保育園・小学校から日本語で保育・教育を受けるため、日本語が優位となり、ミャンマー語を話すことができない子どももいる。一方、ミャンマー語を学んでおけば、仮に家族で帰国することになった場合でも、ミャンマーの学校に編入しやすくなる。クーデターが起きる前には、教室に通っていたために、ミャンマーに帰国後日本の学校と同じ学年で編入できた児童がいる。

母国・ミャンマーの文化や習慣に子どもたちが触れる機会も創出している。例を一つ挙げる。ミャンマーでは10月に提灯を掲げる「灯祭り」という行事がある。「シュエガンゴの会」では子どもたちに好きなものを提灯に描いてもらい、その提灯に明かりをつけて毎年灯祭りのお祝いをしている。こうして子どもたちは、ミャンマーでいつ、何があるかを理解していく。この取り組みは子どもたちを教室に迎えにくる親たちにも喜ばれていた。

新型コロナウイルスはミャンマーコミュニティにも深刻な影響を及ぼしている。「ルビー」も感染防止で店を閉めざるを得ず、数カ月ほぼ収入がなかったために家賃の支払いができるかどうかというところまで追い込まれ、存亡の危機に陥った。しかし、多くの日本人からの支援があり、何とか持ちこたえている。「ルビー」はただ飲食をしてもらうだけではなく、ミャンマー人と日本人の交流の拠点である。小さなレストランから、グローバルな世界が広がっている。

軍事クーデターは在日ミャンマー人にも大きな影響を及ぼしている。しかし、このような時だからこそ母語教育の継続が大事である。日本では子どもの数が35年続けて減少している中、「シュエガンゴの会」に来ている子どものほとんどは日本で生まれ、日本で育っていく。子どもたちには、日本・ミャンマーの懸け橋として活躍できる可能性がある。母語・母文化を教えることで子どもたちを未来の「宝物」にしていきたい。そして、その「宝物」は日本社会に「気づき愛」を広げていくであろう。

第7章

日本語教育

1　外国にルーツのある子ども
2　生活者の日本語
3　日本語学校の留学生

7.1

外国にルーツのある子ども

――母語は何語になるのか

教室を卒業してプロのサッカー選手になった兄弟。兄はガンバ大阪、青森山田を卒業する弟は2021年春から J3 岩手に入団。筆者は中央

小林 普子（こばやし ひろこ）

特定非営利活動法人みんなのおうち　代表理事

日本大学大学院経済学研究科修士課程修了。２００５年文化庁委嘱事業「親子の日本語教室」を主宰。ＮＰＯ法人「ゆったり～の」と特定非営利活動法人「みんなのおうち」立ち上げに参加・２００７年新宿区とみんなのおうち協働で「外国にルーツのある子どもへの日本語と学習支援教室～こどもクラブ新宿」を立ち上げ、２０１７年「居場所みんなのおうち」を開設。

提言

外国にルーツを持つ子どもは、母語が確立していないことが課題である。コミュニケーションが取れる程度には、親の母語を理解できる子どもにすべきである。

子育て支援のＮＰＯを始めた動機は、新宿区で日本語が理解できず子どもに予防接種を受けさせられない外国人の親がいることと、子どもの基本的人権や命を守れない親がいることを知ったことだ。

この問題を解決するために、日本語指導の講座を受講。同時期に外国にルーツを持つ中学生がマンションの踊り場から幼児を突き落とす事件があった。どちらのケースも親は日本語が十分理解できない結果、発生した。

そこで２００５年に文化庁の委嘱講座「託児付き親子の日本語教室」を大久保小学校の一室で開始した。

外国にルーツを持つ子はどんな子か。関わる外国ルーツの子の母親は１００％が外国人、多くはアジアの国々で中国、韓国、タイ、フィリピン、ミャンマー、マレーシア、カンボジア、ベトナム、ネパールなど。コロンビアやコンゴ出身の親もいる。しかし父親は日本人であったり母親と同国人であったり、日本人養父だったりと家庭環境は複雑である。国籍も日本国籍や親の国籍など、両親が外国籍なら日本で生まれ日本語しか話せなくても日本国籍ではないので、ビザ更新手続きをし続けなければならない。

２００７年にＮＰＯと新宿区との協働事業として「外国にルーツを持つ子どもへの日本語と

教科学習教室」を開始して現在に至る。教室を立ち上げた理由は、新宿区が提供する日本語初期指導だけでは日本語が不十分で学校の教科学習についていけないことに加え、日本語での高校受験も困難であるからだ。

活動で子ども達と関わって気になる事は、日本生まれや小学校低学年で来日した外国ルーツの子の語彙力と概念理解である。特に日本生まれ日本名を持って流暢な日本語を話すと日本語に問題がないと理解され、学校教育でも見過ごされてしまう。当事者も教師も学力がないのは本人の努力不足で語彙力不足に原因があると考えない。また複数言語が体系的に導入されていない事にも起因するのではと想像しているが、十分な研究がないのが残念。

家庭内言語は何か

外国にルーツをもつ子どもの多くの家庭では、父親は日本語、母親は片言の日本語と母国の言語を使う。日本で生まれ成長する場合、日本人の父親の力が強ければ日本語だけを使い、家庭内言語が日本語のみになる。すると十分な日本語を理解できない母親は会話についていけない。成長する子どもとの会話や意思の疎通が十分にできなくなる。場合によっては子どもから日本語のできない母親は馬鹿にされたり、うるさがられたりする。母子間にコミュニケーションギャップが生じる。特に思春期になるとこのギャップが親子関係を悪化させる。特に外国人の母子家庭などではなおさらだと思う。両親が外国人であるが日本生まれの子どもの場合も似たような事が起こっている。

みんなのおうちで学習するこどもたち

学校や幼稚園、保育園の先生は親に家庭で日本語だけを使うように指導するケースが多い。もちろん日本語が上達するようにとの配慮からだろう。すると子どもは全く親の話す母語を理解できなくなる。完璧なバイリンガルに育てるのも困難だが、コミュニケーションが取れる程度に親の母語を理解できる子どもにすべきである。

日本語は言語の中でも習得が難しい言語と言われ、大人が日本語を獲得するのは容易ではない。新宿で関わっている外国ルーツの子どもの母親の多くはアジア出身者。仕事をしながらの子育てで、日本語を学ぶ機会がないまま片言の日本語になる。

外国人は英語を話す？

外国人の母親も滞在期間が長くなると会話も少しは日本語で可能になる。片言でも日本語を話す様子を見て、日本人は普通の速さ、語彙で彼女らと話をする。彼女らは理解できない日本語でも理解したような顔をせざるを得ない。例えば学校での三者面談に同席すると、担任の先生は親が日本語を少し話せると思うと、日本人の親に話すように面談を続ける。「分かりましたか」との問いに親はうなずく。面談後に親に理解したかを尋ねると、「話が早く全く理解できなかった」と話す。でも何か子どもについて注意されている印象だけは持つようで、親は不安に陥る。

日常生活の中で日本人から受け入れられていないと感じると同国人の狭いコミュニティーで暮らすようになり、その中でのうわさ話を真実と思い込む。

外国人に対する日本人のイメージは白人・欧米人で、外国人は英語を話すと思い込んでいる人がまだまだ多い。日本に暮らす多くの外国人は日系南米人やアジア人で欧米人ではない。

「居場所みんなのおうち」での映像制作活動集合写真

外国人の名前をカタカナ表記する。しかし、外国人が最初に学習するのはひらがなで、形が簡略化したカタカナの学習はとても難しい。シとツ、コとユ、ウとワなどの区別は困難。我々でも片仮名で表記する言葉は少ない。外国人に分かりやすい日本語で伝える工夫が必要である。

7.2

生活者の日本語

――自立した社会人として日本で生きる

新宿子どもへの日本語支援者養成講座の実習（テーブル右奥が筆者）

関口 明子（せきぐち あきこ）

公益社団法人国際日本語普及協会（ＡＪＡＬＴ）理事長、多文化社会研究会理事

１９８２年社団法人（現公益社団法人）国際日本語普及協会（ＡＪＡＬＴ）に入会し、現在に至る。兼職として１９８２年〜１９９８年（財）アジア福祉教育財団難民事業本部大和定住促進センターにおいてインドシナ難民年少者および成人への日本語教育に従事（１９９０〜１９９８年主任講師）。１９９５年〜２００９年横浜国立大学教育人間科学部講師「日本語教育概論」「日本語教育演習」を担当。

提言

国内に在住の外国の人々を今後の社会を共に創っていく頼りになる仲間として考えるとき、彼らの能力を十分に生かす努力が受け入れ側に求められている。体系的に日本語を学べる環境と財政的な援助を国、地方自治体、企業等が連携して行っていくシステム作りとその実施に早急に取り組んでもらいたい。

20年以上、地元で日曜日にボランティア日本語教室の主催を続けているが、そこでは介護施設やお弁当屋で働く定住外国人が、日本で生きていくために熱心に言葉を学んでいる。ウイズコロナの現在、地に足をつけてできることをし、同胞や周囲の日本人への思いやりを失わない。この先大きく変わっていくであろうこの国を共に支えてくれる、日本人にとって頼れる大切な仲間だ。

戦後初・定住のための日本語教育

「生活者の日本語」〝日本で生きていくための日本語〟というテーマとの出会いは、1980年にさかのぼる。インドシナ3国（ベトナム・カンボジア・ラオス）からの難民の受け入れが始まり、定住のための日本語教育が、戦後初めての国の施策となった。その現場はAJALTの教師が担当し、私自身も大和定住促進センターで日本語教育主任を務めた。今日のように「生活者の日本語」という名称もない時代で、来日して一から生活を築く難民のためには、留学生を主な対象とする従来の言語教育とは異なる枠組みが必要だった。米国等移民先進国のESL教育（Teaching English as a Second Language）の例を参照しつつ、独自の方法の開発が始まった。インドシナ難民の後、現在の条約難民、第三国定住難民まで、以来、それは40年間継続されている。

その後、１９８４年には中国帰国者〔180頁（安場）を参照〕が、１９９０年には改正出入国管理及び難民認定法の施行により日系人労働者とその家族が、そして同時期男性農業従事者の配偶者不足の解決策として行政の協力のもと、アジアからのお嫁さんが、急増していく。日本語教育界でも「生活者の日本語」という認識が高まった。また、この間、日本各地で近隣に住む外国人に手を差し伸べる人々により、日本語ボランティア教室が静かな広がりを見せた。

１９９８年には文化庁が、日本語支援活動をサポートする教材作成に着手する。委嘱を受けたＡＪＡＬＴで、私も執筆責任者として24名の教師とともに企画、編集、執筆に当たった。２０００年「リソース型生活日本語データベースシステム」https://www.ajalt.org/resourceをネット上で公開し、現在まで更新を続けている。20年間、これを基に全国各地で地域の実情に合った教材が作られてきたのはうれしいことだ。その後も文化庁から、「生活者としての外国人」に対する日本語教育支援として、２０１０年度には標準的なカリキュラム案　教材例集、２０１５年度にはハンドブックが提供されている。

今や「生活者の日本語」は日本語教育の重要な柱だが、改めてそれはどんな日本語なのか、

生活に必要な103語を取り上げて、読み札と取り札（状況のわかるイラスト付き、漢字語彙のみの２種）を備えたかるた教材『おぼえてたのしい生活漢字かるた』（2020年３月、AJALT刊）

私の考えの一部を述べる。

1　自分自身の身を守るために必要な日本語

安全や健康に関わる標識や言葉が認識できる。例えば、〈危険〉〈立入禁止〉〈火気厳禁〉〈非常口〉〈避難所〉等の文字を見て、また、「あぶない」「逃げろ」「飲めません」「触らないで」等の注意を聞いて、意味がわかり、すぐ行動できる。災害などのとき、最低限自分自身の身を守るための言葉など。

2　自立した生活のために必要な日本語

生活上必要なことが、日本語を使ってできる。例えば、氏名や住所欄に自分の名前や住所が書ける、ひとりでバスや電車が利用できる、自力で買い物ができる、など。

3　社会参加、自己表現のためのコミュニケーション力に必要な日本語

少しずつ社会参加の場を広げていく。例えば、学校の保護者会に出席する、母国の料理を日本語支援者に教える、積極的に情報を得る、など。

自立した社会人として母国での経験を生かし、文化、言語、価値観の違いから見えてくる貴重な視点、考え方を発信できる日本語力を付ける。「生活日本語」とは正に外国の人々が「日本で生き生きと生活していくための日本語」なのである。

日本で生きる外国の人々に必要な「生活日本語」について記してきたがそれと同時に受け入れる日本人側からの努力としていわゆるできるだけわかりやすい日本語、今言われている「やさしい日本語」を社会のあらゆるところに普及していくことが求められている。このコロナ禍の社会で母国を離れて日本で苦労している人々の周囲の役所、企業、学校、病院等で目や耳にする日本語の大幅な見直しが多文化、多言語の人々との共創社会実現の喫緊の課題だと考える。

7.3

日本語学校の留学生

――ウィズコロナ時代の価値を探って

山本 弘子（やまもと ひろこ）

カイ日本語スクール代表。1983年より日本語教師。1987年カイ日本語スクールを仲間と共に設立。1998年より（財）日本語教育振興協会評議員として会員校の教職員研修開発、実施に携わる。（2007年～2019年）早稲田大学大学院日本語教育研究科非常勤講師。著書に『実践にほんご指導見なおし本』（単著、アスク、2003）、『インタラクティブゼミナール　新しい多文化社会論　共に拓く共創・協働の時代』（共著、東海大学出版部、2020）など。

提言

日本にとって、留学生が大切なパートナーとなる時代に入った。留学生を地域の一員として迎え、互恵的な関係性を築くための地域社会との共創地道な活動の実施と定着を期待する。

ＪＲ新大久保駅から徒歩5分ほどのビルの中にある当カイ日本語スクールは、１９８７年設立の法務省告示校である。在籍者の大半は留学生だが、スウェーデン、イタリア、スペイン、米国などの欧米圏出身者が7割近くを占め、その他、台湾はじめアジア諸国など、常時40カ国前後からの学生が在籍している。

彼らの日本留学の理由は何かと言えば、アニメ・ゲームなどをきっかけに子ども時代から育んだ日本への興味・関心である。鉄腕アトムのロボットと人間の共存ビジョンに感動し、ロボット工学を修め来日したメキシコ人エンジニアや、スイスの銀行を辞めて日本のゲーム関連の企業で働きたいと来日した金融ウーマンなど、優秀かつユニークな学習者が多い。

しかし、世界の留学の中心は何と言っても北米や英国はじめ欧米（最近では中国も）などで、日本留学は留学市場の中ではマイナーな存在である。その理由の一つは日本語の障壁の高さにある。文字が3種類あり、文法体系も仲間の少ない言語として、難関言語の一つに数えられている。にもかかわらず、日本に興味を持ち、果敢に日本語に挑もうと来日する外国人は日本の宝だといつも感じている。

地域の課題を共に解決する学習プログラム

そんな彼らに留学の価値を最大限提供するにはどうしたらよいか、さまざまな方法を考える中、教室を飛び出した授業ができないかと考えた教師が新大久保商店街のゴミ問題を取り上げ、学生なりの課題解決法を考えた結果を商店街関係者にプレゼンしたところ、思いがけないほど喜ばれ感謝された。つたない試みではあったが、留学生でも貢献できることがあるという確信を得て、CBL（Community Based Learning）という地域の課題を共に解決する学習プログラムの実践を正式に開始。はじめの協働先は、大久保図書館の絵本読み聞かせ活動であった。

この活動の特徴は、ゴールにたどりつくまでのさまざまなコミュニケーション上の体験を学びの対象とすることである。文化や習慣の違いが誤解を生むことは知られているが、それが実際の場でどう表れるか、また、どう対応すべきかは体験しなければわからない。

実施後の振り返りで、学生たちはもちろんだが、協働相手の日本人にも気づきや学びが起きたことがわかった。日本語コミュニケーションの自己観察と、その結果を客観的に振り返る技術を身に付けることが、今後の共生社会に向けて我々日本語教育の現場がやるべきことではないかと、数年間にわたる実践を通して気づかされた。さらに、本格的な体験学習を新大久保商店街の武田一義事務局長の協力を得て推し進め始めた矢先の今春、新型コロナウイルスの感染拡大が起き、全ての活動を一時停止せざるを得なくなってしまった。

授業そのものは2015年から1人1台タブレットを導入していたおかげで、緊急事態宣言発出後は全面オンライン授業に切り替え、通常の学習はほぼ切れ目なく進めることができたのだが、本来の「語学留学」の意義について改めて見直さざるを得ない局面を迎えている。オンラインでいいなら海外から

ＣＢＬの読み聞かせの様子

でも受けられる。10月現在、母国からオンライン授業を受けている学生も2割近くに上っている。そうなると、わざわざ留学する意義をどこに見いだしたらいいのか。また、留学中でありながらオンライン授業を余儀なくされている学生たちに何が提供できるのか。

オンライン上での試み

それに対する私自身の答えの一つが数年前から取り組んでいるCBL活動である。7月に入り、一時停止していた活動を再開しようと新大久保商店街の武田事務局長に相談したところ、理事会がコロナ禍で長らく開けないということを知り、商店街理事会の方々を対象としたZoom講習会を3回にわたり行うことにした。理事会への依頼や対応は武田氏が引き受け、こちらはニーズを聞き取り、計画を立てるという分担での〈協働プロジェクト〉である。スイス、スペイン、英国、インドネシア、フィリピンの5カ国6名からなるクラスの学生たちの中には現実社会で起きがちな予想外の状況への対応に戸惑いを示した学生もいた。しかし、最後の成果発表会で参加者からの感謝の言葉などをもらい、結果的にそれぞれ何らかの手応えや自信を得ることができたようであった。

まだまだ試行錯誤の段階であるが、こうした試みにより日本人と直接接することでしか学べない「体験」を最大の価値として提供すること。その先に、多文化共創の姿がほのかにでも見えたらなどと、妄想を膨らませているところである。もっとも、コロナ禍による学生減少を乗り切ることが先決ではあるのだが。

第8章

人権と権利とは

1 コロナ禍における難民と生活困窮
2 無国籍者
3 中国帰国者の今を知っていますか？
4 ヘイトスピーチ
5 メディアの役割

8.1

コロナ禍における難民と生活困窮

石川 えり（いしかわ えり）

認定NPO法人 難民支援協会 代表理事。上智大学卒。1994年のルワンダにおける内戦を機に難民問題への関心を深め、難民支援協会（JAR）立ち上げに参加。2001年に入職。2008年1月より事務局長、2014年12月に代表理事就任。著書として、『支援者のための難民保護講座』（共著、現代人文社、2006）、『外国人法とローヤリング』（共著、学陽書房、2005）、『難民・強制移動研究のフロンティア』（共著、現代人文社、2014）ほか。上智大学非常勤講師。一橋大学国際・公共政策大学院非常勤講師。

提言

難民を適切に保護し、難民申請中を含めてあらゆる人の生存を確保するべきである。

「保護」より「管理」

「シリアに暮らしていたが、自宅と勤務先が爆撃された」「軍事政権に対抗し、民主化運動を支援する学者だったが自身も逮捕されそうになった」「少数民族で宗教も多数派と異なる政府から国籍を与えられず、強制労働に従事させられた」など様々な理由から日本へ逃れ、保護を求める難民がいる。2019年、日本で難民申請をした数は約1万人である。しかし、同年に難民として認定されたのは44人だった。ドイツでは5万人、アメリカでは4万人が認定される中、この数はあまりに少ないと考えている。

原因の一つに、難民認定の実務を出入国在留管理庁（以下、入管）が担っているため、難民を「保護する（助ける）」より、「管理する（取り締まる）」という視点が強いことが考えられる。さらにその背景には、政治的意思の不在とそれを支える世論の声の弱さがあるだろう。

認定NPO法人 難民支援協会は1999年に設立され、20年間にわたり東京都内に事務所を構えて日本に逃れた難民への支援、難民とともに生きられる社会をつくるための認知啓発や政策提言といった総合的な活動を行ってきた。関わってきた難民の数は70カ国・7千人に上る。一人ひとりの難民に向き合いできる限りの支援をしてきたが、すべての人に十分な支援ができているわけではなく悩みを抱えながらも活動を行っている。

難民は入管で難民申請を行う。その審査は平均3年を要する。その間、多くが東京かその近郊の県で暮らしている。政府からの支援金を受給するのは３５０人程度であり、それ以外のほとんどの難民申請者は自立して働きながら結果を待っている。しかし、多くの難民は日本で認定されない。迫害のおそれがあるため帰国もかなわず、再度の難民申請をした場合には在留資格が更新されず非正規滞在となる。仮放免の状態では就労許可もなく公的支援が非常に限定的になるなど、難民申請者はより困難な状況に置かれている。

コロナ禍での難民の困難

そのような脆弱《ぜいじゃく》な状況がコロナ禍によりさらに影響を受けている。ここでは、仮放免など在留資格がない場合について説明したい。前述の通り、就労もできず、国民健康保険にも加入できず、公的な生活支援もほぼ利用できないために、周囲の友人たちから数千円ずつお金を借りたり、海外の友人から送金してもらうなどしてこれまで何とか生活していたという人が少なくない。さらに、感染拡大の影響で支えてくれていた人の生活も時短や失業等で厳しくなり、一切の収入が途絶えてしまうなどの影響が出ている。「もう食糧が尽きてしまい、お米がわずかにあるだけ」「昨日から何も食べていない」「失業して家も失ってしまった」といった切実な相談も寄せられている。迫害をおそれて帰国もできない中、住民登録がされていない仮放免の成人の難民申請者は特別定額給付金の支給から漏れており、さらに困窮を深めている。

難民の方々の相談に応じる

このような状況に対して、貧困に取り組む団体、そして移住者を支援する団体が寄付や助成金から一人ひとりへ緊急の現金給付を行った。例えば移住者と連帯する全国ネットワーク（以下、移住連）は、2020年の5月から移民・難民緊急支援基金を立ち上げ、9月の終了までに民間の寄付・助成金から4979万円を集めて1645人へ3万円ずつ現金による支援を提供した。受給者からは困窮状況の中で助けになったという声が寄せられている。しかし、この基金は一時的なものであり、移住連自身、「これからこうした方々が支援に頼らずに最低限の生活をするためには、政府や地方自治体による支援や制度自体の改善が必要」と訴えている。1645人の受給者のうち1497人が特別定額給付金の対象外であった。また、受給者の45％にあたる741人が難民申請者であり、彼らの不安定な生活状況が浮き彫りになったといえる。移住連のまとめた「新型コロナ移民・難民緊急支援基金報告書」には、家計の困窮により子どもは栄養不良であること、高校進学が困難となったこと、同胞コミュニティに支えられていたが失業者が多く頼れないこと等切実な状況が紹介されている。

公的支援の必要性

難民を含む移住者が安心して暮らせることが社会としても必要であり、そのためには公的な支えが必要である。彼らをギリギリのところで支えていた共助の力も弱くなった現在、それはより切実になっている。この文章をお読みの皆さまには、ぜひ、ＳＤＧｓの理念にもある「だれも取り残さない」社会を作るための、公助のあり方、仕組みについて共に考えていただきたい。

8.2

無国籍者
――自らのルーツを求めて

筆者は中央

茅野　礼子（ちの　れいこ）

大学卒業後、出版社勤務。結婚、出産、離婚を経験し、フェミニズムに目覚めた。「選択制夫婦別姓」運動は40年前から行っている。シングルマザーになってからマイノリティの方たちに思いをよせ、入管長期収容の抗議、「安保法制違憲訴訟女の会」裁判の原告を務める。今、ロヒンギャの人達の苦しみをわがことのように思う。

『平和をつなぐ女たちの証言　Voice』（共著、安保法制違憲訴訟女たちの会編、生活思想社、２０１９）

提言

日本で、無国籍をなくしたい。今すぐ、「父母両系血統主義」でなく「出生地主義」を。

ロヒンギャ

在日14年になるカディザ・ベコムさんは、「私の国籍はバングラデシュです」と語り始めた。10人兄弟の6番目の彼女。上の3人は、ミャンマーに生まれ、4人目から、迫害を逃された土地、出生地主義をとるバングラデシュへ。国籍は得たものの、バングラデシュも、ロヒンギャにとって、安住の地ではなかった。カディザさんは、ミャンマー西部のロヒンギャとであることを隠し続けていた。

カディザさんの夢は父と同じ医師になることだったが、受験のための書類から、ロヒンギャであることが分かり、家族に迷惑がかかることを恐れ断念した。

20歳の時、来日。母方の親戚にあたるムシャラフ・フセインさんと結婚。

1988年、ミャンマーの軍事政権はラカイン州のロヒンギャの人達を、不法滞在者とし、移動の自由、進学、就職を厳しく制限した。ムシャラフさんは、1995年頃、20キロの距離に、江戸時代のような関所が五つ、自分を証明する書類を出さなければ、先に進めなかった。高校生の時、ムシャラフさんは、軍事政権を批判する書を書いた父の身代わりで捕まえられ、着ていたシャツで目隠しをされ、車で引き回され、ライトを顔に向けられ、鼻を殴られ、ガンで脅され、「殺す」と言われ、2日間刑務所に入れられた。

ムシャラフさんは、2000年来日。入国と同時に難民申請をし、2年半仮放免の末に難民申請が下りた。仮放免の苦しさは、働けない、保険証がないなどつらいものだった。ミャンマー政府は、1982年「市民権法」で、ロヒンギャの人達の国籍を剥奪した。ムシャラフさんは、日本で、難民認定をされたものの、海外に出るのに、必ず再入国許可書が必要になる。

ムシャラフさんは、大塚で中古自動車販売の仕事をしたが、赤字続き。工場の仕事を始めた。ストレスで眠れず、心筋梗塞の発作が出たりして、今は、ユニクロ渋谷道玄坂店で、働きお客様に親しまれている。

カディザ・ベコムさん（左）とムシャラフ・フセインさん＝写真家・新畑克也氏撮影

カディザさんは、日本に来てから、日本語学校で勉強し、日本語能力試験のN1を取得、青山学院大学総合文化政策部に入学、大学1年の時、アヤン君が、2年後、ヌラインさんが生まれた。大学では難民について学び、今は、ユニクロ池袋東武店に勤めている。

「私は、よく考えるのです。私の存在のルーツはどこにあるのかって。」「私の国籍は、バングラデシュ。両親はミャンマーのロヒンギャ。自分は、ミャンマーに一度も行ったことがありません。」「私のルーツどこ」

大学生の時、生まれたアヤン君と、ヌラインさんは、日本は血統主義なので、無国籍。生まれた時、母子手帳を交付されたので、大抵のことは、困らなかったと言う。ただ、海外に旅行に行くと、パスポートの国籍欄は、「無国籍」。必ず空港のイミグレーションで、最後まで、残され、こんこんと説教され「今度だけですよ。」と言われ、解放される。

迫害の歴史の中で

アウンサンスーチーさんが、26年の軟禁を解かれ、2010年政権に復帰したら、1799年から、ミャンマー軍事政府の、ロヒンギャへの迫害は、終止符が打たれると思われた。2012年の暴動では、ラカイン州の若い女性が夫の目の前でレイプされ、ロヒンギャ人、14万人が、ミャンマーを追われ、2017年に、73万人のロヒンギャの人は国外が追放された。保護者のいない6千人の子ども達は、人身売買や児童婚、性的搾取のリスクが高い。ミャンマー政府は、5月23日、ロヒンギャに対するジェノサイト（大量虐殺）を防止、法令順守の報告書を、オランダハーグ国際司法裁判所に提出した。しかし、守られるか疑問である。

カディィザさんは、異国で、猛烈に勉強し、働きながら、子どもを育てる、一人の人間として、偏見や差別、民族の対立、無国籍に終止符を打つには、教育が大切と静かに語った。

5カ月ぶりに会ったカディィザさんは、日本国帰化申請の準備と、UNHCRの奨学金を得て、早稲田大学大学院アジア太平洋学科受験を果たした。今、マレーシアに住む両親に会いたい気持ちがつのるが、小4と小2の子どもは、無国籍、イミグレーションの執拗な尋問に、心が折れそうになる。

その、1カ月後、カディィザさんは、早稲田大学大学院アジア太平洋学科に合格、カディィザさんは、「これから、大変だけど、乗り越えていく。」と力強く語った。

楽しい語らい＝写真家・新畑克也氏撮影

8.3

中国帰国者の今を知っていますか？

安場　淳（やすば　じゅん）

首都圏中国帰国者支援・交流センター教務。前身である所沢の中国帰国者定着促進センター時代から中国・サハリン帰国者の日本語学習支援に30数年携わる。「中国帰国者の教育」（小島勝、白土悟、齋藤ひろみ編著『異文化間に学ぶ「ひと」の教育』、明石書店、２０１６）など、中国帰国者受け入れの歴史や教育に関する著述あり。ここ数年は彼らの体験を伝承する戦後世代の語り部育成に注力し、歴史を伝えることの難しさを痛感中。

提言

中国残留邦人の受け入れは過去の出来事ではなく、日本社会が歴史と向き合う力、異なるものを受容する力を（一世から三世、四世にわたって）試されてきた鏡である。この社会の将来のあり得べき姿のためにも、かれらの歴史と今を知っていただきたい。

「中国帰国者」といえば、すっかり新型コロナウィルス絡みの意味に変わってしまったが、いわゆる「中国帰国者」すなわち中国残留孤児・残留婦人が都内をはじめ全国に多数暮らしていることをご存じだろうか。

残留孤児が直面する介護の異文化

中国東北部の旧「満洲」から戦後数十年を経てやっと祖国日本に帰りついた中国帰国者、その多くは戦前の国策であった開拓団として送り出され、敗戦で中国に残留を余儀なくされた人たちである。首都東京からも1万を超える数の開拓団員が満洲に渡っている。中でも敗戦の1年前に送り出された荏原郷開拓団は千人余の団員のうち、ソ連軍の攻撃や集団自決、伝染病、栄養失調などで800名を超える犠牲者を出した。

戦後75年を過ぎた今、彼らは祖国に安住の地を見出せたかというと、なかなか厳しいものがある。その困難の一つが、今や最高齢で90代、最年少でも70代半ばの帰国者とその配偶者の多くが日本社会と接する介護の現場にある。介護現場は外国人介護職という異文化の受け入れがホットな話題であるが、こちらは介護サービス利用者の持つ異文化との出会いである。在日コリアンが先輩格で、インドシナ難民、南米日系人が中国帰国者に続いて高齢期を迎えている。なお、少数だが長年祖国に帰ることができなかった人たちとしてサハリン残留邦人がおり、この人たちも国の援護施策の対象である。サハリン帰国者の平均年齢は中国帰国者より低いが、やはり高齢期に入っている。以下、中国帰国者について述べるが、同様の課題がサハリン帰国者にもあると思っていただきたい。

帰国者の人達の中には中国で就学経験の乏しい人が多く、中高年になってから日本語の学習を始めたことや、帰国後3K仕事に追われて学習時間が得られなかったこと、少しは話せていた人でも定年退職後の十数年の間、日本語との接触がなかったことなどから日本語で意思疎通が難しく、「暑い、寒い」といった単純な訴えすらできなくなっている人が少なくない。また生活習慣も大きく異なり、年をとっても食べたいのはやはりこってり中華料理で、和食は舌が受けつけなかったりする。介護サービス利用以前に、介護をプロの手に委ねること自体を親不孝とする価値観も根強い上に、逆にヘルパーを家事手伝いと見なしてしまう異文化トラブルも起こる。

加えて若い介護職員の人も「ザンリューコジ？　何それ？」ぐらいその歴史を知らないので、日本名なのに日本語のできないこの人は何だろうと不審がってしまう。中国の名を持つ孤児の

（公財）中国残留孤児援護基金のサイトより

配偶者に至っては理解の範疇外となる。他の利用者からの、帰国者や中国に対する無理解の目にもさらされる。帰国者の人達がどういう経緯で今、言葉も通じない日本で老後を送っているのかを知っていただけたらなぁ…といつも思う。

三世代にわたる移住での困難

帰国者の人達は20～30年の短い間に三世代にわたる人たちが移住を果たしたことから、いわゆる移民とは異なる課題も抱えている。二世はその多くが一世の帰国に遅れること数年での成人以降の来日で、集中して日本語を学ぶ機会が得られなかった人が多い。その後も続いた余裕のない生活の中、日本語のハンデは今も克服されていない。しかも人によってはもう70代、いわゆる老々介護の問題が、自身の言語や文化未習得と相まって二重三重の困難をもたらしている。

逆に、来日時に幼少期ないし日本生まれの三世、四世では、日本語の話し言葉は問題ないが、親や祖父母と中国語での意思疎通が難しく、家族内で言語や価値観の断絶に悩む子も少なくない。人格形成過程でのこのような悩みから自らのルーツ否定に至る子もいる。また、家庭の言語環境や家族戦略のあり方から、日本語を話すのは問題なくてもいわゆる学習言語の習得がままならない子ども（成人となっても）もいる。他のニューカマーの二世、三世と共通のこうした課題を帰国者の三世、四世も抱えているのである。

もちろん全員がこのような困難を抱えているわけではなく、日本の学校教育で培った能力をバネにキャリアを築き得ている二世、三世も少なくない。中国に留学して活躍している人もいる。この二極化は他のニューカマーと共通と言える。

帰国者のこのような歴史と今を広く知ってもらうことは異質な他者との共存のきっかけにもなると考え、首都圏中国帰国者支援・交流センターでは、「中国残留邦人等の体験と労苦を伝える戦後世代の語り部」派遣事業を行っている。帰国者の体験談を聞き取った次世代の語り部がその体験を継承していこうとする試みである。ご関心の向きは同センターのウェブサイトを訪ねられたい。

●参考図書

加藤聖文『満蒙開拓団──虚妄の「日満一体」』（岩波書店、２０１７）
後藤悠樹『サハリンを忘れない─日本人残留者たちの見果てぬ故郷、永い記憶─』（ＤＵ ＢＯＯＫＳ、２０１８）
平井美帆『中国残留孤児70年の孤独』（集英社インターナショナル、２０１５）
藤沼敏子『不条理を生き貫いて34人の中国残留婦人たち』（津成書院、２０１９）
同『あの戦争さえなかったら　62人の中国残留孤児たち（上）─北海道・東北・中部・関東編─』（津成書院、２０２０）
同『あの戦争さえなかったら　62人の中国残留孤児たち（下）─関西・山陽・四国・九州・沖縄・中国の養父母編─』（津成書院、２０２０）
※以上の藤沼氏三部作は「アーカイブス　中国残留孤児・残留婦人の証言」 https://kikokusya.wixsite.com/kikokusya　にて公開されている聞き取りインタビューを文字化したもの

8.4

ヘイトスピーチ

―地域住民と共に対策を

波多野 綾子（はたの あやこ）

国際人権法研究者。国際法規範が国内的に受容される過程、また、ローカルな文脈に翻訳された国際規範の多様な実践について研究を行っている。民間企業、政府機関、国際機関にて人権・持続的開発・ジェンダーに関する業務に従事した経験を持つ。ニューヨーク大学ロースクール法学修士号取得（国際法学）。東京大学大学院博士課程在籍中。主な著作に、「国際法の内面化」『共生社会の再構築Ⅲ』（法律文化社、２０２０年、１９５‐２２０頁）

提言

普遍的人権の尊重、住民自治の理念の実現には、ヘイトの被害者も含め、地域社会に住む一人ひとりが差別やヘイトスピーチの問題におけるルール作りに関わって行くべきだ。住民の声を行政に届け、それを実現できるチャネルの確保と、自治体同士、国と地方、国境を超えた情報共有と学び合いの場の創出が鍵となる。

ヘイトスピーチには国際人権法上いまだ確立した定義がないが、一般に、人種、国籍、民族、宗教、信条、年齢、性別、性的指向、性自認、出身、障がいなど、特定の属性をもつ集団や個人に対して、その属性を理由として、差別や暴力・社会的排除などを扇動・助長するような言動とされる。ヘイトデモが過激化した日本においても、国連人権条約の履行を監視する委員会の勧告などを受け、2016年5月、「本邦外出身者に対する不当な差別的言動の解消に向けた取組の推進に関する法律（いわゆる『ヘイトスピーチ解消法』）」が制定された。しかし、同法はヘイトスピーチを「許されない」としつつも罰則をもって違法化しておらず、また保護の対象も「本邦外出身者」に限定している。他方、同法は、国とともに地方自治体のヘイトスピーチに対処する責務も明示している。国連の人種差別撤廃条約の履行を監視する人種差別撤廃委員会においても、本法の理念を実現するために国や自治体が具体的にどのようにこの問題に対処していくのかが注目されている（人種差別撤廃委員会、18年）。つまり、行政の最前線で差別や排外主義の問題に取り組む自治体の役割は同法の下でますます重要なものとなっているのである。

各自治体が、ガイドライン・人権条例を策定

ヘイトスピーチ解消法制定前から大阪市は反ヘイトスピーチ条例を制定して対処をはじめていたが、同法制定後にはヘイトスピーチに対処するための公共施設利用に関するガイドラインの策定や規則の改正が各地で続いた。また、様々な理由に基づく差別的言動に対処するための人権条例も次々と制定されている（大阪府、高知市、神戸市、東京都、国立市、世田谷区、狛江市など）。中でも、川崎市は、ヘイトスピーチ解消法制定後、公共施設利用に関するガイドラインを他の自治体に先立って策定、19年12月には、本邦外出身者に対する不当な差別的言動を「禁止」し、日本で初めて罰則規定を盛り込んだ「川崎市差別のない人権尊重のまちづくり条例」を可決した（20年7月施行）。条例は、不当な差別的言動の禁止の違反行為に対しては、違反行為者に対して、市長が違反行為を行ってはならない旨の勧告をし、その勧告に従わない場合に、さらに同様の違反行為を行ってはならない旨の命令をし、その命令にも従わない場合に、氏名又は団体の名称や住所などの公表を行うこと、また50万円以下の罰金に処することができるという3段階の手続きを取っている。右の手続きはすべて川崎市差別防止対策等審査会の意見を聴いた上で行われる。また、インターネット上の差別的言動などの人権侵害について

も、拡散防止の措置や氏名などの公表もありうると明記されている。同条例の前文には、「人権に関する諸条約の理念を踏まえ」とあり、ヘイトスピーチの法律による禁止や処罰を求める人権条約に対応するものと言えるだろう。

「川崎モデル」を参考に

このように表現の自由とのバランスに留意しつつも踏み込んだ「川崎モデル」の背景には、戦前から現在にかけて多様なルーツをもつ人々が居住してきた川崎市が多くのヘイトデモのターゲットとされてきたこと、同時に、そのような課題に対して市民・議会・行政が協働して課題に向き合う中で多文化共生の意識を地域で醸成してきた歴史的過程も大きい。川崎の条例成立の背景でも、「『ヘイトスピーチを許さない』かわさき市民ネットワーク」など地域住民が、ヘイトスピーチの被害者や現場の切実な問題意識や対策案を議会や行政へとつなげようと迅速かつ粘り強く動いてきた。同ネットワークやその活動を支援する人々は、川崎市の条例案に対する1万8243通もの膨大な数のパブリックコメント（川崎市、19年）や市議会での議論を後押しし、住民の声を条例制定へとつなげることに成功したのである。住民自治は日本国憲法

関東大震災朝鮮人犠牲者追悼式では、ヘイト団体に抗議する人々が集まった＝2020年9月1日、横網町公園（墨田区）

下でも定められる地方自治の原則であるが、ヘイトスピーチの背後にある差別や偏見が地域の社会的・歴史的文脈に埋め込まれていることを考えると、その規制の在り方の形成過程においてはヘイトの被害者を含む住民の参加・視点が不可欠である。川崎における条例制定過程への広範な住民参加は、まさに住民による住民のための地方自治を可能にするものであり、また、そのような過程を経て作り上げられたヘイトスピーチ規制を実効的なものにしていくことにもつながるだろう。

他の自治体が川崎モデルを参考に条例策定を検討するなど、一つの地域から他の地域への水平展開の動きに加え、地方から国への変化の流れも加速している。ヘイトスピーチ解消法制定の過程でも、全国の地方自治体から国に対してヘイトスピーチ対策を求める意見書が多数提出されたが、さらに、自治体からの要望を受けて国が公共施設の使用許可の判断基準やヘイトスピーチの典型事例を示すなどの動きがある。また、川崎における条例制定の過程やその内容に国際人権基準が与えた影響の大きさが示すように、地方自治体を中心にした国際人権基準の実施はますます重要になり、それが国レベルでの人権条約の履行に与える影響も無視できないものとなるだろう。

２０２０年、新型コロナ禍の下、世界中で構造的な差別や格差が顕在化し、ヘイトスピーチの増加や過激化も問題となっている。条例の制定のみならず、その実施においても多くの課題が残っている中、ローカルな文脈を意識しながらも、国境を超えて誰もが共有する普遍的人権の観点に基づくヘイトスピーチ対策には、国際人権基準はもちろん、海外の地域事例との学び合いも有効である。オンライン上のヘイトスピーチを始めとする人権侵害に対する措置の実施や教育現場での効果的な啓発活動、実効的な救済措置へのアクセスの確保・促進など、形式的な啓蒙にとどまらない実質的かつ実効的な対策を自治体が差別被害者、専門家、住民などとともに積極的に進めていくことが求められている。その過程や成果を通じて、多様な人々が地域社会で共に暮らし、互いに学び、一人ひとりの尊厳が保護された安心できる生活世界を協働で創っていく、多文化「共創」社会の実現に近づくことができるだろう。

8.5

メディアの役割

信頼・相互理解が多文化共創の前提

増田 隆一（ますだ りゅういち）

京都大学工学部卒、元朝日放送メディア開発局メディア戦略部長、1987年~1991年ANNパリ特派員、日本記者クラブ正会員、多文化社会研究会副理事長。

所属学会は情報通信学会・映像情報メディア学会・移民政策学会・多文化社会研究会。

著書に『変わりゆくマスメディア』（単著、あみのさん、2016）、『いのちに国境はない』（共著、慶應義塾大学出版会、2017）がある。

提言

多文化共創を実現するためには、社会における幅広い価値観共有が不可欠であり、コミュニケーション基盤＝情報メディアが、この部分で重要な役割を担う必要がある。

メディアとは

「メディア」という言葉が具体的に何を指すかは、情報伝達手段が膨大に存在する現在は、定義そのものが難しい。思い切って要約すれば、『情報を伝える媒体』がメディアである。

メディアの起源は歴史的に、「為政者が人民に命令を伝える」のが主たる目的だった。時代劇に出てくる「高札」がその一例である。現在も法務省の玄関前には「裁判期日」や「通達事項」が、流布すべき〝お達し〟として掲示されている。

時代は進み、個人的な連絡事項や回し読みしたい〝いい文章〟などを共有するために、多人数間でのコミュニケーションが始まった。コミュニケーションとは、雑駁に「同じ情報を共有する行為・手段」とみなすことができる。

情報共有には「価値観が同じ」とか「理解する教養が共通」など、前提となる必要条件もある。日常生活でも価値観の共有は、そう簡単ではない。親子や夫婦の間ですら、時おり難があることは、皆さんも思い当たるフシがあろう。これらの関門を突破するためには、「相互理解」「信頼醸成」という重要な過程を経る必要がある。

あらゆるコミュニケーションは、信頼と相互理解という大前提があって、はじめて成立すると考えてよいだろう。〝住みやすい社会を創ろう！〟と呼びかけて反応してもらうためには、多くの人に同じ気持ちを持ってもらう必要がある。もっとも深く広く人々に伝わるのは、「小説」や「映画」など、情感に訴えつつ情報が個人に届く方法だが、優れた作品にするには技術と才能が必要で、簡単ではない。

「チラシ」や「ウェブサイト」は、作業が簡単とはいえ、流布する類似情報が膨大で、「取捨選択に引っかかる」のが大変だ。高度な手段から容易な方法まで、情報共有を達成するアプローチにはノウハウが必要なのだ。メディアの機能を知ることが、そのノウハウのカギといえるだろう。

ＰＣやタブレット、スマホが新聞・テレビを駆逐し始めている

回覧板や掲示板は「特定少数」の人に情報が伝わる〝メディアの原型〟だろう。近世に入って、かわら版・新聞など「不特定多数」を対象とする印刷物メディアが生まれ、ラジオ・テレビへと発展した。これら古典的概念の〝マスコミ〟は、いずれも不特定多数を対象としたメディアだった。

インターネットの誕生とともに、情報が届く不特定多数の枠は地球全体に広がり、印刷物や電波のように、到達するエリアを限定しなくなった。２０２１年現在の〝マスコミ〃は、基本的に「情報と共に広告を配信して収入とする」をビジネスモデルとしている。ところがICTメディアでは簡単な「誰が情報を見ているか」の補足が、旧来の〃マスコミ〃には難しい。「広告先の限定」が容易なICTメディアに、多くの広告主が流れつつある。既存メディアのビジネスモデルそのものが揺らぎ始めているのだ。

SNSなどを含むICTメディアの機能は現在も発展途上であり、これからも更に変化していくだろう。メディアの機能を知ることは、良質の「共創・協働」を達成するため、極めて重要な要素である。

ビッグデータの時代

「ビッグデータ」という単語を目にしたことはあるだろうか?「〃大きいデータ〃って何のこと?」と思われた方もいるだろう。

これまで〃顧客の付随情報〃の代表は、懸賞募集などの「住所・氏名・年齢・職業・電話のある方は電話番号」と考えられてきた。いまや自宅に固定電話を引く若者など、ほとんどいない。携帯電話とメールが、ほぼ確実な連絡手段なのだ。つまり「携帯電話・メールアドレスと持ち主に付随する情報」が〝一般的な個人情報〟と言える。

　このような〝個人情報の集まり〟をビッグデータと呼ぶ。位置や連絡方法に加えて趣味、嗜好、家族構成、出身地、勤務地などが加わると、さらに情報量は膨大になる。

　インターネット経由の情報が印刷物・電波のマスコミよりも、はるかに広範囲に大規模に届くようになった今、利用者の出来るだけ幅広い個人情報を、ビッグデータとして保有することが〝メディアとして強力〟なのだ。つい先ごろ、テレビの年間広告費がウェブ広告に逆転されたことがニュースになった。

　日本社会で多文化共創を実現するには、異なるルーツを持つ人々とコミュニティや市民文化とが、排除しあうことなく共存し、それぞれの能力を、社会貢献のために発揮することが必要だ。これを実現するため、ＩＣＴメディアを含むさまざまな情報媒体を活用し、相互理解を深められる情報流通システムを作ることが、行政機関だけでなく民間組織の中でも求められている。もちろん、政府や自治体が率先して、その範を示さねばならない。

　ＳＮＳを含むＩＣＴメディアは、社会生活の基軸情報ルートになりつつあるが、信頼醸成と相互理解のツールとして、現状よりもさらに有効に機能させるべきだ。多文化共創社会を実現するカギは、健康な「メディア環境の整備」と平滑な「情報流通」にあるといえるだろう。

第9章

諸外国の取り組み

1 2020年　揺れるアメリカ
2 イギリス
3 欧州難民危機のドイツから学ぶ受け入れの試み
4 韓国の「社会統合プログラム」（KIIP）と「移民者早期適応プログラム」

9.1

2020年 揺れるアメリカ

——分断と共生の狭間の中で

筆者は、2列目左から2人目

山口 美智子（やまぐち みちこ）

ニューヨーク州認定臨床ソーシャルワーカー。2001年コロンビア大学社会福祉学修士課程修了。大学院時代のインターンシップではニューヨークコーネル大学病院でHIV外来患者、癌患者のケア、ブロンクス地区の公立小学校では不登校気味の児童を対象にグループセラピーを行いながらDVが疑われる家族のケースマネジャー兼セラピストとして従事。ニューヨーク市教育委員会の外来セラピストとして1年間従事。現在は寮生学校のスクールカウンセラーとして勤務。多文化社会研究会理事。

提言

共生社会構築をもたらすには、国レベルが国際協力体制で取り組む政策も必要だが、究極的には個人レベルの気づきと行動が最も重要な鍵となる事を世界の新型コロナ感染状況が示唆していると感じている。

1993年にニューヨークに渡って以来27年の月日が経った。その間、ニューヨークは二度の大きな試練を迎えた。2001年の貿易センタービルテロ事件と2020年の新型コロナウイルス感染拡大で世界一のホットスポットとなったことだ。ニュースでは9・11のテロ攻撃を「神風」と呼び、今回の感染拡大を「パールハーバー」という表現を使っていた。どんなことも征服できるという自負を持つアメリカにとってその確信が覆された時に使う表現であろうと感じた。この二つの出来事を体験して気づいたことがあった。ニューヨークは危機に直面すると市民が自然発生的に連帯し自助システムを生み出すことだ。

連帯するニューヨーク市民

9・11テロの際、事件後まもなくあちこちの街角で一般市民が街頭に立ち復旧作業者が必要な物資、たとえばTシャツの回収を呼び掛けている光景が見られた。ニューヨークの象徴ともいえる貿易センターが突然なくなってしまった喪失感は強く、同じ市民として悲しみを共有する家族のような連帯感が生まれ、優しい雰囲気であふれた。

二つ目は新型コロナウイルス感染拡大で世界一のホットスポットとなったことだ。3月の1

週目あたりはまだ2桁台の感染者数で、報道では拡大の可能性は非常に低いとの予測を流していた。しかし感染者数は3月2週目あたりから驚くべき勢いで増え続け4月15日には市内で感染者数11万8302名、死亡者8215名、1日あたりで2千人以上の感染者と800人ほどの死亡者が増えていった。

国の感染対策に対する反応は両極端であったが、ニューヨーク市内では連帯感が生まれ、自然発生的に相互支援が行われた。私の住むビルでは一人暮らしのお年寄りに対して声をかけ安全確認をしたり買い物などを申し出て援助し合っている。薬局やスーパーではお年寄りのために特別時間帯が設けられた。ロックダウンが始まった3月下旬頃から全市内で、医療従事者のシフトが変わる午後7時になると感謝を示すイベントが自然発生的に始まった。窓を開けて鍋をたたいたり、拍手をしたり、「ありがとう！ニューヨーク」などと叫んでそれぞれが好きな表現で感謝を表すのだ。また、住民の掛け声で募金を募りビルの清掃や消毒作業を日々し続ける作業員一同に感謝の意を示しつつ謝礼金を授与するイベントも行われた。しかし、連帯や協力とは相反する現象も起きた。全米各地で3月上旬ころから銃の購入数が50％以上増加したとの報道が流れた。アメリカでは自衛のために銃を所持することが憲法で認められている。前代未聞の失業者数と先行きの見えない経済の不安から自己防衛のために購入者が増えたのではないかとの推測が報道では流されていた。

市内の感染者に関する分析がされ、貧困層が多く住む地域に重篤者や死亡者が圧倒的に多いことが明らかになった。貧困層と住環境や食生活、健康状態、医療保険、移民ステータスなどは深く関わるため、多くの犠牲者が出てしまう結果となった。トランプ政権となって貧困者の医療保険未加入者が増えたこと、不法移民に対する取り締まり強化が過去進んできたため、医療援助を求められずにいる人々も多かったことも影響した。政府の政策や方針がいざという時にいかに国民、特に社会的弱者の安全と健康に多大な影響を与えるかを考えさせられた。救いだったのは連邦政府の脆弱《ぜいじゃく》な介入に対し、州知事や市長がその穴埋めとなって奮闘してくれたことだ。国内だけでなく国際的分断化を促す政府の政

「我々は一緒に COVID-19 をやっつける」というメッセージのポスターが貼られている

策が新型コロナウィルス感染拡大に負の影響を及ぼしたことは明らかだ。過去数年で、ヘイトクライムの顕在化と増加も顕著となった。

国際レベルでの共生観念を

2020年11月3日には大統領選が行われバイデン氏が次期大統領となった。過去最高の投票率となり、人々は固唾を飲む思いで投票結果を待った。バイデン氏の勝利はトランプの国内外で進めた分断化政策の反映であるアメリカ優先主義、白人優越主義、マイノリティーや移民などに対する排他主義に多くの人々が反対の意を示した結果だといえる。この4年間の分断の政策は、青と赤、人種間、マジョリティーとマイノリティーの対立を生み、不安と憎悪を生む土壌を育んだ。仏法に「縁起」といってすべての事象は相互依存しているという教義がある。個が完全に独立することはあり得ず、常に相互に影響を及ぼしあっているという教えである。その考えに基づけば、個人レベル、国レベルで融和と共存を志向していくことが究極的に個と世界の平和、安全、幸福にもつながると思えてならない。

9.2

イギリス
――ロンドン・ニューアム区が目指す統合の形

大山 彩子（おおやま あやこ）

英国アングリアラスキン大学 School of Humanities and Social Sciences 博士課程在籍中。米国で出産、英国で育児を経て、現在は Oxfam（チャリティ団体）でボランティアとして働きながら博士論文に取り組んでいる。「多文化主義的な英国の移民政策と排他的な日本の移民政策」と習った英国での授業に疑問を感じ、移民政策を地域の実践者からの視点でとらえたく、「地域における移民統合」を研究テーマとしている。

ニューアム区のタウンホール前で

提言

ニューアムの例は、多文化共創社会に向けた取り組みにおいて「多文化であることを共に祝える地域づくり」と「住民間の日常的な対話を促進すること」の二点が重要であり、どちらも欠かしてはならないことを示唆している。

住民の70%以上が英国以外のルーツを持つニューアム区

イギリスにおいて、多文化社会への取り組みは一般に統合（Integration）と呼ばれている。32あるロンドン自治区の一つであるニューアム区は、ロンドン東部に位置する。人口は新宿区とほぼ同じであるが、面積は2倍の大きさがある。住民の70%以上が英国以外にルーツを持っており、どの国・民族・宗教もマジョリティグループを形成していないことにより、多民族都市ロンドンの中でも際立って多様性に満ちた地域と呼ばれている。さらに日本の多文化社会と異なる点として、60人いるニューアム区議員リストには、英語由来でない名前やイスラム教を連想させる名前が多く並んでいることが挙げられる。

このような地域ではどのような統合が目指されているのだろうか。地域のコミュニティグループやNGOの代表者、区役所の職員などの地域の実践者たちに話を聞いた。彼らが目指す統合とは「国籍、民族、宗教に関係なく、みんながニューアムコミュニティーの一員になること」であった。両親がカリブ諸国から来た移民だと語った区役所の職員から、地域のコミュニティーリーダーの一人として紹介されたキリスト教の牧師は、「ニューアムにおける統合とは、白人英国人社会に合わせること、あるいはキリスト教社会にあわせることではない」と語っていた。彼は、自分が英国育ちでなく、ナイジェリアからの移民であると教えてくれた。移民が自身のルーツのコミュニティーではなく、「地域の」コミュニティーリーダーとなっていることは、ニューアムに多様性が根付いていることをよく表している。

区役所による英語重視と対話促進の取り組み

地域の実践者たちは、区役所による統合政策について、「みんなが英語を話せるようになること」や「異なる背景を持った人々が集い対話することを促進する取り組み」であると強調した。具体的には、2013年に区の翻訳・多言語サービスが大幅に削減されたこと、英語学習支援が促進されたこと、単一の民族・宗教をテーマとした地域イベントへの助成が停止され、二つ以上のコミュニティーが関わるもの、あるいは誰でも参加できるイベントが奨励されたこと、などが語られた。

こうした区の政策は、2013年当時にメディアで批判的に取り上げられたため、区の政策に関して批判的な意見が聞かれるのではないかと予想していたのだが、実践者たちはこうした区の取り組みについて、「難しい問題ではあるが、正しい政策だ」「区は先進的な取り組みをしている」と語っていた。「英国人社会に合わせることではない」という統合を目指しているのに、単一言語主義的政策ともとれる英語重視の政策がなぜ支持されているのだろうか。

地域住民のニーズ

助成の停止やサービス削減が行われた背景としては、2010年以降の中央政府による緊縮財政政策の影響でニューアム区が財源不足に苦しんできたことが大きな要因として挙げられる。しかし地域の実践者たちは、財源不足だけが理由ではなく、英語学習に公費を集中させることはニューアムの住民にとって必要な政策なのだと述べた。第一に、異なるコミュニティーに属している住民同士が集い、対話するための「ツールとしての英語」が必須だからである。ニューアムには民族や宗教をベースとしたコミュニティーが多数あり、住民のほとんどはそうしたコミュニティーに属している。英語が話せないことによって、異なるコミュニティー同士が対話もなく分離したままでいることがニューアムでは危惧されており、各自の属するコミュニティーを超えて住民一人ひとりがつながることが必要とされている。また、貧困地区としても有名なニューアムにおいて「貧困から抜け出すための英語」が区の貧困対策としても重要視され

全区民の交流促進を目的に年一度開催されるコミュニティーイベント。パレードには区内の全小学校が参加する（筆者撮影）

ていた。つまり、英語学習支援の重視を含めた区の政策は地域の実践者たちにとって「国籍や民族、宗教的背景に関係ない取り組み」であり、地域住民のニーズに応えていると捉えられていたのだ。

なぜ区の取り組みが「先進的である」と認識されているかについては、彼らの語るニューアム区の特徴の中に答えがあるように思う。世界のあらゆる地域から移民・難民を受け入れてきた長い歴史を持つニューアムでは、隣人たちがそれぞれ異なる言語を話し、異なる料理を食べ、異なる民族・宗教グループに属し、異なるアイデンティティーと考え方を持っている、ということが日常の風景であり、そうした多様性をニューアムの強みであると語っていた。これまでも区の取り組みとして、翻訳・多言語サービスを取り入れたり、英国以外のルーツも持つ住民のためにその国の独立記念日に国旗を掲げ、その国のルーツを持つ住民を招待して祝う式典を行うなど、多文化主義的政策を英国内でいち早く導入してきた自負があるニューアム区では、そうした政策を優先事項としなくてもよい段階に入っていると認識しているのかもしれない。それが「ニューアムが統合の分野において他の地域のどこよりも進んでいる」と語る理由と考えられる。

世界でも大変珍しい歴史的・人口的特徴を持つニューアム区では、多様性を共に祝うことが地域に根付いた中で「日常生活レベルでの対話」を促進することによって地域の統合を実現しようとしている。

9.3

欧州難民危機のドイツから学ぶ受け入れの試み

錦田 愛子（にしきだ あいこ）

慶應義塾大学法学部政治学科准教授。専門は中東地域研究で、パレスチナやシリア出身のアラブ系移民・難民の意識や政治的・社会的状況を調査。単著に『ディアスポラのパレスチナ人─「故郷（ワタン）」とナショナル・アイデンティティ』（有信堂、2010年）、編著に『移民／難民のシティズンシップ』（有信堂、2016年）、『政治主体としての移民／難民』（明石書店、2020年）など。難民の教育支援を行う「パレスチナ学生基金」理事。

提言

少子高齢化が進み、労働力不足が深刻な日本では、EUはじめ移民／難民受け入れ先進国に倣い、国外からの移民／難民の受け入れと共生への努力を、官民協力して進める必要がある。

ベルリン郊外のファルケンゼーで開かれた反人種差別デモ＝2019年3月16日。筆者撮影

ヨーロッパを揺るがした2015年の欧州難民危機で、ドイツは大勢の難民が夢を抱きめざす目的地となった。シリアを中心に、アフガニスタン、エリトリアなど紛争と圧政で引き裂かれた国から逃れ、安定した生活を求めて移動を始めた人々にとって、ドイツは魅力的な国であり、実際に多くの人々を受け入れた。そこからは、日本も多くのことを学べる多文化共生の試みと成果を見出すことができる。

ドイツの難民受け入れについては様々な評価があるが、おおむね成功したといえるのではないか。筆者は危機の3年後にベルリンで一年間の長期在外研究を行ったが、そこで観察した限りでは、社会や経済に大きな混乱は見られず、難民の多くは統合への道を着実に歩み始めていた。もちろん全てが順調だったわけではなく、ＡｆＤ（政党「ドイツのための選択肢」）に代表されるような排外主義的ナショナリズムの高まりはドイツでも見られ、統合への軌道にうまく乗れない難民の存在は一部に見られた。しかし、1年間で100万人近い難民を受け入れるという急激な社会変動の中で、ドイツの試みはひとつの重要な先例を残したといえるだろう。ここでは筆者が中東研究者として、難民から話を聞きながら進めた現地調査の経験をもとに、その成功のカギを探ってみたい。

経済大国を目指す難民、積極的に受け入れるドイツ

人々がドイツを目指したのはなぜか。そこにはＥＵ諸国の中でも随一の経済大国という誘因がある。移民だけでなく、多くの難民は、逃れた先で支援を受け続けながら生活することを望んでなどいない。自分の知識と経験を生かし、移住先で働いて、生活を立て直すことを望む場合がほとんどだ。そのため就業機会を得る可能性が高い国は、望ましい移動先の候補となる。一方でドイツは、日本と同様に高齢化が進み、介護や福祉などの業種で労働力が不足している。それらの市場では、移民や難民を労働者として迎え入れることに積極的である。有色人種に対

する差別の視線がないわけではないが、人材としての貢献をプラスに捉えて期待する姿勢が基調にあることは、受け入れの大きな促進要因となっているように思う。

それでは行政上の手続きはどうか。難民危機に際して、ドイツは多くの臨時職員を雇用して、庇護《ひご》申請手続きや雇用・統合を促すプロセスを加速した。だが意外に思われるのは、だからといって手続きが外国人向けに完備されているわけではない、ということだ。住民登録から、長期滞在許可の申請まで、面会予約や書類の記入、役所でのやり取りはほとんどドイツ語のみである。特にサポートもなく手続きをせねばならなかった筆者は、要領も分からず面接での応答も困難で、かなり四苦八苦した。一方、シリア難民に対しては、庇護申請手続きの事情聴取から、ジョブ・センターでの手続き、病院での受診まで、ボランティアの通訳が同行するなどして、これを支えている。逆に言えば、役所が事務的に対応できないというのは、受け入れを忌避する言い訳にはならないのだと感じた。

主張し行動する積み重ね

最後に最も重要と思われるのは、市民の間での移民や難民の受け入れに対する意識だ。欧州難民危機の際にはドイツ各地の町で、行政による難民の居住施設の準備が追いつくまでの間、多数の市民団体や個人が自宅の一室を提供したり、臨時キャンプの運営を担ったりして活躍した。いわば政府による対応を補完して、民間の力が支えとなった形だ。そうしたボランティア活動の根底には、リベラル派を中心とするドイツ人の、正義や公正をまっすぐに信じる態度があるように思う。筆者のドイツ滞在中、移民や難民の排斥を訴える右翼政党ＡｆＤによるデモ行進が、ベルリンで初めて企画し実行されたのだが、その日は普段は運動に参加しない人々を含め、ＡｆＤ側の10倍近い人数がカウンターデモに集まり、ベルリン市内の中心部を文字通り埋め尽くした。また南部の都市ケムニッツでドイツ人男性が難民との小競り合いで殺され、極右過激派やネオナチによる移民・難民排斥の暴動が起きたときは、その主張に抗議する市民が反極右のコンサートを開催して全国から集まった。

人を受け入れることは不可避に摩擦を生み、賛否も分かれるだろう。そんな中で、自分が正しいと思うことをオープンに主張し、行動に移すことの積み重ねが今日のドイツを築いてきたのではないか。日本もこれから転機を迎え、試行錯誤する時期が来るだろう。その際に、恐れずに意見を述べ、大いに議論を重ねることが必要となるのではないか。

9.4

韓国の「社会統合プログラム」（ＫＩＩＰ）と「移民者早期適応プログラム」

申　明直（しん　みょんじく）

熊本学園大学東アジア学科教授（大学付属海外事情研究所長）。主な著書は、『世界文学へのいざない』（共著、新曜社、２０２０年）、『東アジア市民社会を志向する韓国』（編著、風響社、２０１９年）、『移住とローカリティの再構成』（共著、ソミョン出版、２０１３年）、『ガマラマジャイ：ネパールの幼い労働者へ』（単著、ゴズウイン、２０１０年）、『幻想と絶望』（単著、東洋経済新報社、２００５年）、ＮＰＯ東アジア共生文化センター理事長、東アジア市民共生映画祭実行委員長。

韓国からの帰還移住労働者と共にネパールにおける東アジア共生むらづくり調査（2002年）を行った以降、2010年からネパールとラオスのフェアトレード（共生）コーヒー事業を行っている。写真は、ラオスのボラベン高原にあるコーヒー農家訪問（2015年）。筆者は後列中央

提言

・日本語等を学ぶ教育機関へのアクセスが困難な移民者のためのオンライン教育が必要である。
・韓国のように移民者の社会統合に向けたプログラム講師を大学などで養成する必要がある。
・後輩の結婚移民者が先輩の結婚移民者をメンターにして、その経験を共有するプログラムが切実である。

問題予防のための「社会統合教育プログラム」

韓国の在留外国人は2019年末に250万人（人口の4・9％）を超えたものの2020年に入ってからは新型コロナウイルスの影響によりやや減少の傾向を示した。韓国における在留外国人が100万人を超えたのは07年8月。結婚移民者も00年代以降、着実に増加し、様々な社会問題が発生してきたが、これらの問題を事後的に解決するよりも、事前に予防するほうが問題の解決にかかる莫大《ばくだい》なコストを節約できるという意見が提起されるようになった。問題予防のための「社会統合教育プログラム」の必要性が台頭したのである。

韓国の社会統合プログラム（ＫＩＩＰ）は、09年、外国人登録証を所持した在留外国人及び帰化者を対象に実施された。具体的には、韓国語と韓国文化に関するプログラムを0段階（15時間）から4段階（各100時間）まで最大415時間履修しなければならず、各教育段階は法務部の事前評価あるいは韓国語能力試験（ＴＯＰＩＫ）の点数に基づいて割り当てられる。最後の5段階である「韓国社会の理解」は、永住者をはじめとする長期滞在の移民者のための必須教育（基本50時間）と、帰化を目的とする移民者に必要な教育（深化20時間）で構成されている。

プログラムは未成年、再定住難民など移民者の類型に応じた分野別に弾力的に運営されている。ボランティア活動、現場見学のような社会活動も正規の教育課程として認められる。出産、就職などで教育機関へのアクセスが困難な移民者のためのリアルタイムでのオンライン教育（中央拠点運営機関を通じた）も実施されている。中級コースに属する韓国語教育は、韓国語教育機関や多文化家族支援センターなどとの重複を避けるために、地域の大学や女性家族部による正規の韓国語教育などと連携する「連携プログラム」の履修課程も実施している。

当プログラムの運営機関は官民ガバナンスの形で運営されている。09年に20カ所でスタートし、18年末には地域管轄拠点運営機関47カ所、一般運営機関262カ所と計309カ所に増えた。また、プログラムの講師（多文化社会専門家）は、移民者社会統合の主な拠点大学であるABT（Active Brain Tower）大学（全国20カ所）を通じて委託養成されている。

結婚移民者のためのプログラム

中でも「移民者早期適応プログラム」（13年）は、在韓外国人処遇基本法（07年）と多文化家族支援法（08年）の制定が進むにつれ実施されるようになった。これは初め、結婚移民者の

韓国「社会統合網（soci-net）」HPのベトナム語案内版。「社会統合プログラム」「早期適応プログラム」「国際結婚案内プログラム」の案内や申請関連が載っている

ためスタートしたが、その後、中途入国子女、外国籍同胞、外国人労働者、留学生等にその対象が拡大された。

そのうち、特に結婚移民者のための「早期適応プログラム」は、09年「ハッピースタートプログラム」の時期から一貫して先輩結婚移民者とのコミュニケーションを強調している。このプログラムは、感情的な共感の形成（1次時）、相互理解と配慮（2次時）、移民者の意志と責任（3次時）によって構成されており、まず1次時に行われる感情的な共感を形成するためのメンタリングに注目する必要がある。先輩結婚移民者をメンターに、新規結婚移民者をメンティーに設定し、同じ国の先輩結婚移民者が、自身が既に経験した文化の違い、コミュニケーションの断絶、家族間の葛藤といった問題解決のためのアドバイスを行うプログラムである。メンターとなる先輩結婚移民者は、国内居住1年以上の者で、韓国語と当該外国語の両方を駆使し、模範的な家庭生活を維持している者の中から選抜される。

次に、2次時に当たる「相互理解と配慮」プログラムは、結婚移民者に対して一方的に教育を行うのではなく、結婚移民者の夫や家族を対象に結婚移民者の出身国の文化を紹介するプログラムで、これを通じて文化の違いを共に克服していくことを目指している。最後に、「移民者の意志と責任」を目標として設定した3次時は、韓国社会に適応するための各種法制度や文化を理解するためのプログラムである。

結婚移民者のための統合プログラムには、前述の早期適応プログラムの他、国際結婚案内プログラムや、女性家族部が実施するプログラムも多数存在する。これは、全国217地域に存在する多文化支援センターを介して行われており、地域社会の多文化家族を対象に、家族相談や教育、韓国語教育などの訪問教育サービス、通訳・翻訳、子どもの教育支援などのサービスが提供されている。韓国におけるこのような移民者社会統合政策が、日本の移民者社会統合政策を議論していく過程で参考になればと思う。

役に立つ巻末資料

在留資格一覧表（2020年9月現在）

①

在留資格	本邦において行うことができる活動		該当例	在留期間
外交	日本国政府が接受する外国政府の外交使節団若しくは領事機関の構成員，条約若しくは国際慣行により外交使節と同様の特権及び免除を受ける者又はこれらの者と同一の世帯に属する家族の構成員としての活動		外国政府の大使，公使，総領事，代表団構成員等及びその家族	外交活動の期間
公用	日本国政府の承認した外国政府若しくは国際機関の公務に従事する者又はその者と同一の世帯に属する家族の構成員としての活動（この表の外交の項に掲げる活動を除く。）		外国政府の大使館・領事館の職員，国際機関等から公の用務で派遣される者等及びその家族	5年，3年，1年，3月，30日又は15日
教授	本邦の大学若しくはこれに準ずる機関又は高等専門学校において研究，研究の指導又は教育をする活動		大学教授等	5年，3年，1年又は3月
芸術	収入を伴う音楽，美術，文学その他の芸術上の活動（この表の興行の項に掲げる活動を除く。）		作曲家，画家，著述家等	5年，3年，1年又は3月
宗教	外国の宗教団体により本邦に派遣された宗教家の行う布教その他の宗教上の活動		外国の宗教団体から派遣される宣教師等	5年，3年，1年又は3月
報道	外国の報道機関との契約に基づいて行う取材その他の報道上の活動		外国の報道機関の記者，カメラマン	5年，3年，1年又は3月
高度専門職	1号 高度の専門的な能力を有する人材として法務省令で定める基準に適合する者が行う次のイからハまでのいずれかに該当する活動であって，我が国の学術研究又は経済の発展に寄与することが見込まれるもの	イ　法務大臣が指定する本邦の公私の機関との契約に基づいて研究，研究の指導若しくは教育をする活動又は当該活動と併せて当該活動と関連する事業を自ら経営し若しくは当該機関以外の本邦の公私の機関との契約に基づいて研究，研究の指導若しくは教育をする活動	ポイント制による高度人材	5年

←次頁へ続く

<table>
<tr><th>在留資格</th><th colspan="2">本邦において行うことができる活動</th><th>該当例</th><th>在留期間</th></tr>
<tr><td rowspan="3">高度
専門職</td><td rowspan="2">1号
高度の専門的な能力を有する人材として法務省令で定める基準に適合する者が行う次のイからハまでのいずれかに該当する活動であって，我が国の学術研究又は経済の発展に寄与することが見込まれるもの</td><td>ロ 法務大臣が指定する本邦の公私の機関との契約に基づいて自然科 学若しくは人文科学の分野に属する知識若しくは技術を要する業務に従 事する活動又は当該活動と併せて当該活動と関連する事業を自ら経営 する活動</td><td rowspan="3">ポイント制による高度人材</td><td rowspan="2">5年</td></tr>
<tr><td>ハ 法務大臣が指定する本邦の公私の機関において貿易その他の事業の経営を行い若しくは当該事業の管理に従事する活動又は当該活動と併せて当該活動と関連する事業を自ら経営する活動</td></tr>
<tr><td colspan="2">2号
1号に掲げる活動を行った者であって，その在留が我が国の利益に資するものとして法務省令で定める基準に適合するものが行う次に掲げる活動
イ 本邦の公私の機関との契約に基づいて研究，研究の指導又は教育をする活動
ロ 本邦の公私の機関との契約に基づいて自然科学又は人文科学の分野に属する知識又は技術を要する業務に従事する活動
ハ 本邦の公私の機関において貿易その他の事業の経営を行い又は当該事業の管理に従事する活動
ニ 2号イからハまでのいずれかの活動と併せて行うこの表の教授，芸術，宗教，報道，法律・会計業 務，医療，教育，技術・人文知識・国際業務，介護，興行，技能，特定技能2号の項に掲げる活動（2号 イからハまでのいずれかに該当する活動を除く。）</td><td>無期限</td></tr>
<tr><td>経営・管理</td><td colspan="2">本邦において貿易その他の事業の経営を行い又は当該事業の管理に従事する活動（この表の法律・会計業務の項に掲げる資格を有しなければ法律上行うことができないこととされている事業の経営又は管理に従事する活動を除く。）</td><td>企業等の経営者・管理者</td><td>5年，3年，1年，6月，4月又は3月</td></tr>
</table>

在留資格	本邦において行うことができる活動	該当例	在留期間
法律・会計業務	外国法事務弁護士，外国公認会計士その他法律上資格を有する者が行うこととされている法律又は会計に係る業務に従事する活動	弁護士，公認会計士等	5年，3年，1年又は3月
医療	医師，歯科医師その他法律上資格を有する者が行うこととされている医療に係る業務に従事する活動	医師，歯科医師，看護師	5年，3年，1年又は3月
研究	本邦の公私の機関との契約に基づいて研究を行う業務に従事する活動(この表の教授の項に掲げる活 動を除く。)	政府関係機関や私企業等の研究者	5年,3年,1年 又は3月
教育	本邦の小学校，中学校，義務教育学校，高等学校，中等教育学校，特別支援学校，専修学校又は各種学校若しくは設備及び編制に関してこれに準ずる教育機関において語学教育その他の教育をする活動	中学校・高等学校等の語学教師等	5年，3年，1年又は3月
技術・人文知識・国際業務	本邦の公私の機関との契約に基づいて行う理学，工学その他の自然科学の分野若しくは法律学，経済学，社会学その他の人文科学の分野に属する技術若しくは知識を要する業務又は外国の文化に基盤を有する思考若しくは感受性を必要とする業務に従事する活動（この表の教授，芸術，報道，経営・管理，法律・会計業務，医療，研究，教育，企業内転勤，介護，興行の項に掲げる活動を除く。）	機械工学等の技術者，通訳，デザイナー，私企業の語学教師，マーケティング業務従事者等	5年，3年，1年又は3月
企業内転勤	本邦に本店，支店その他の事業所のある公私の機関の外国にある事業所の職員が本邦にある事業所に期間を定めて転勤して当該事業所において行うこの表の技術・人文知識・国際業務の項に掲げる活動	外国の事業所からの転勤者	5年，3年，1年又は3月
介護	本邦の公私の機関との契約に基づいて介護福祉士の資格を有する者が介護又は介護の指導を行う業務に従事する活動	介護福祉士	5年，3年，1年又は3月
興行	演劇，演芸，演奏，スポーツ等の興行に係る活動又はその他の芸能活動（この表の経営・管理の項に掲げる活動を除く。）	俳優，歌手，ダンサー，プロスポーツ選手等	3年，1年，6月，3月又は15日
技能	本邦の公私の機関との契約に基づいて行う産業上の特殊な分野に属する熟練した技能を要する業務に従事する活動	外国料理の調理師，スポーツ指導者，航空機の操縦者，貴金属等の加工職人等	5年，3年，1年又は3月

在留資格		本邦において行うことができる活動	該当例	在留期間
特定技能	1号	法務大臣が指定する本邦の公私の機関との雇用に関する契約（入管法第2条の5第1項から第4項までの規定に適合するものに限る。次号において同じ。）に基づいて行う特定産業分野（人材を確保することが困難な状況にあるため外国人により不足する人材の確保を図るべき産業上の分野として法務省令で定めるものをいう。同号において同じ。）であって法務大臣が指定するものに属する法務省令で定める相当程度の知識又は経験を必要とする技能を要する業務に従事する活動	特定産業分野に属する相当程度の知識又は経験を要する技能を要する業務に従事する外国人	1年，6月又は4月
	2号	法務大臣が指定する本邦の公私の機関との雇用に関する契約に基づいて行う特定産業分野であって法務大臣が指定するものに属する法務省令で定める熟練した技能を要する業務に従事する活動	特定産業分野に属する熟練した技能を要する業務に従事する外国人	3年，1年又は6月
技能実習	1号	イ　技能実習法上の認定を受けた技能実習計画（第一号企業単独型技能実習に係るものに限る。）に基づいて，講習を受け，及び技能等に係る業務に従事する活動	技能実習生	法務大臣が個々に指定する期間（1年を超えない範囲）
		ロ　技能実習法上の認定を受けた技能実習計画（第一号団体監理型技能実習に係るものに限る。）に基づいて，講習を受け，及び技能等に係る業務に従事する活動		
	2号	イ　技能実習法上の認定を受けた技能実習計画（第二号企業単独型技能実習に係るものに限る。）に基づいて技能等を要する業務に従事する活動		法務大臣が個々に指定する期間（2年を超えない範囲）
		ロ　技能実習法上の認定を受けた技能実習計画（第二号団体監理型技能実習に係るものに限る。）に基づいて技能等を要する業務に従事する活動		
	3号	イ　技能実習法上の認定を受けた技能実習計画（第三号企業単独型技能実習に係るものに限る。）に基づいて技能等を要する業務に従事する活動		法務大臣が個々に指定する期間（2年を超えない範囲）
		ロ　技能実習法上の認定を受けた技能実習計画（第三号団体監理型技能実習に係るものに限る。）に基づいて技能等を要する業務に従事する活動		

在留資格	本邦において行うことができる活動	該当例	在留期間
文化活動	収入を伴わない学術上若しくは芸術上の活動又は我が国特有の文化若しくは技芸について専門的な研究を行い若しくは専門家の指導を受けてこれを修得する活動（この表の留学，研修の項に掲げる活動を除く。）	日本文化の研究者等	3年，1年，6月又は3月
短期滞在	本邦に短期間滞在して行う観光，保養，スポーツ，親族の訪問，見学，講習又は会合への参加，業務連絡その他これらに類似する活動	観光客，会議参加者等	90日若しくは30日又は15日以内の日を単位とする期間
留学	本邦の大学，高等専門学校，高等学校（中等教育学校の後期課程を含む。）若しくは特別支援学校の高等部，中学校（義務教育学校の後期課程及び中等教育学校の前期課程を含む。）若しくは特別支援学校の中学部，小学校（義務教育学校の前期課程を含む。）若しくは特別支援学校の小学部，専修学校若しくは各種学校又は設備及び編制に関してこれらに準ずる機関において教育を受ける活動	大学，短期大学，高等専門学校，高等学校，中学校及び小学校等の学生・生徒	4年3月，4年，3年3月，3年，2年3月，2年，1年3月，1年，6月又は3月
研修	本邦の公私の機関により受け入れられて行う技能等の修得をする活動（この表の技能実習1号，留学の項に掲げる活動を除く。）	研修生	1年，6月又は3月
家族滞在	この表の教授，芸術，宗教，報道，高度専門職，経営・管理，法律・会計業務，医療，研究，教育，技術・人文知識・国際業務，企業内転勤，介護，興行，技能，特定技能2号，文化活動，留学の在留資格をもって在留する者の扶養を受ける配偶者又は子として行う日常的な活動	在留外国人が扶養する配偶者・子	5年，4年3月，4年，3年3月，3年，2年3月，2年，1年3月，1年，6月又は3月
特定活動	法務大臣が個々の外国人について特に指定する活動	外交官等の家事使用人，ワーキング・ホリデー，経済連携協定に基づく外国人看護師・介護福祉士候補者等	5年，3年，1年，6月，3月又は法務大臣が個々に指定する期間（5年を超えない範囲）

在留資格	本邦において有する身分又は地位	該当例	在留期間
永住者	法務大臣が永住を認める者	法務大臣から永住の許可を受けた者（入管特例法の「特別永住者」を除く。）	無期限
日本人の配偶者等	日本人の配偶者若しくは特別養子又は日本人の子として出生した者	日本人の配偶者・子・特別養子	5年，3年，1年又は6月
永住者の配偶者等	永住者等の配偶者又は永住者等の子として本邦で出生しその後引き続き本邦に在留している者	永住者・特別永住者の配偶者及び本邦で出生し引き続き在留している子	5年，3年，1年又は6月
定住者	法務大臣が特別な理由を考慮し一定の在留期間を指定して居住を認める者	第三国定住難民，日系3世，中国残留邦人等	5年，3年，1年，6月又は法務大臣が個々に指定する期間（5年を超えない範囲）

出典：法務省出入国在留管理庁

在留外国人の人口動向

李 錦純(りくんすん)【プロフィールは80頁】

1　在留外国人の人口推移（2000 ～ 2019 年末）

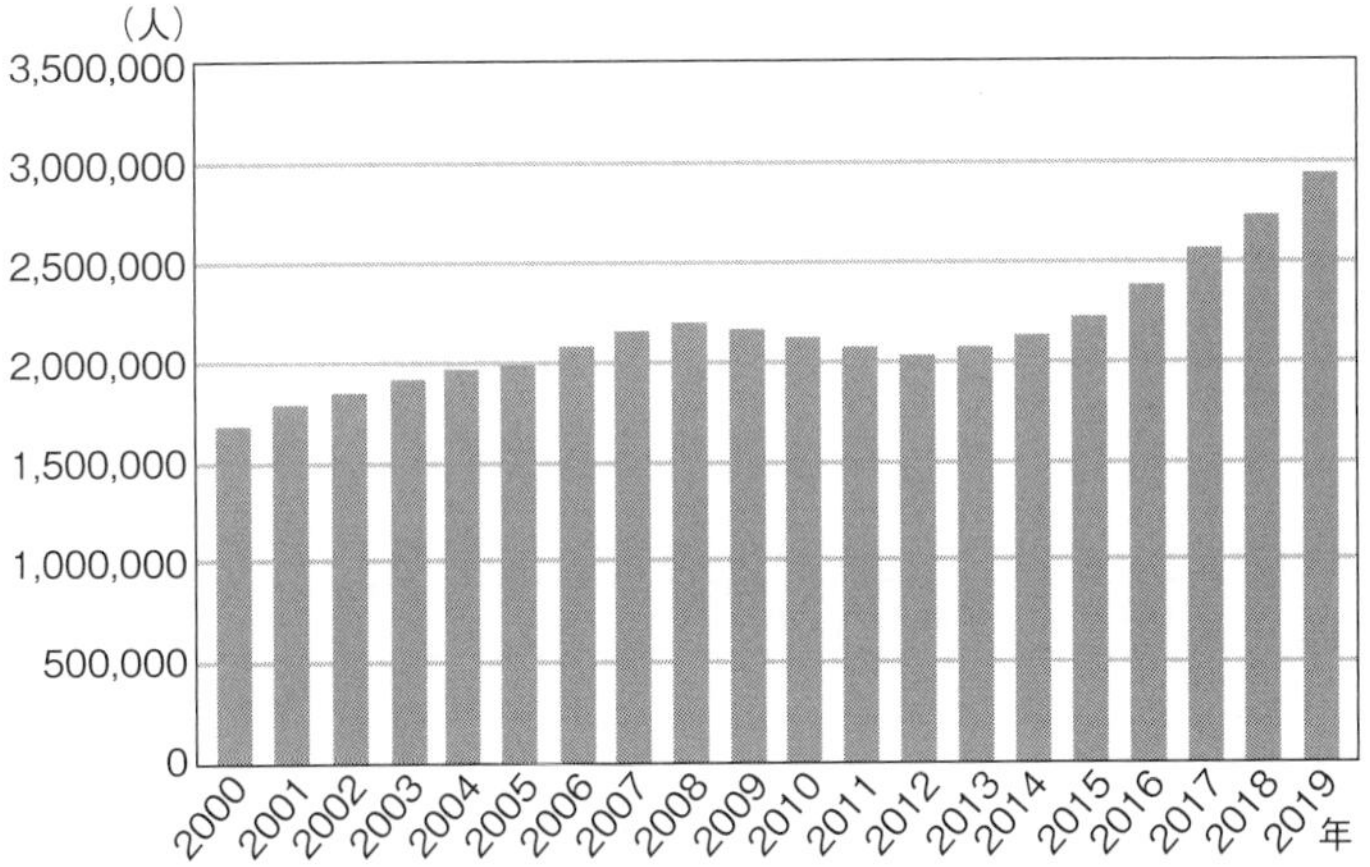

2　65歳以上在留外国人の人口と高齢化率の推移(2000～2019年末)

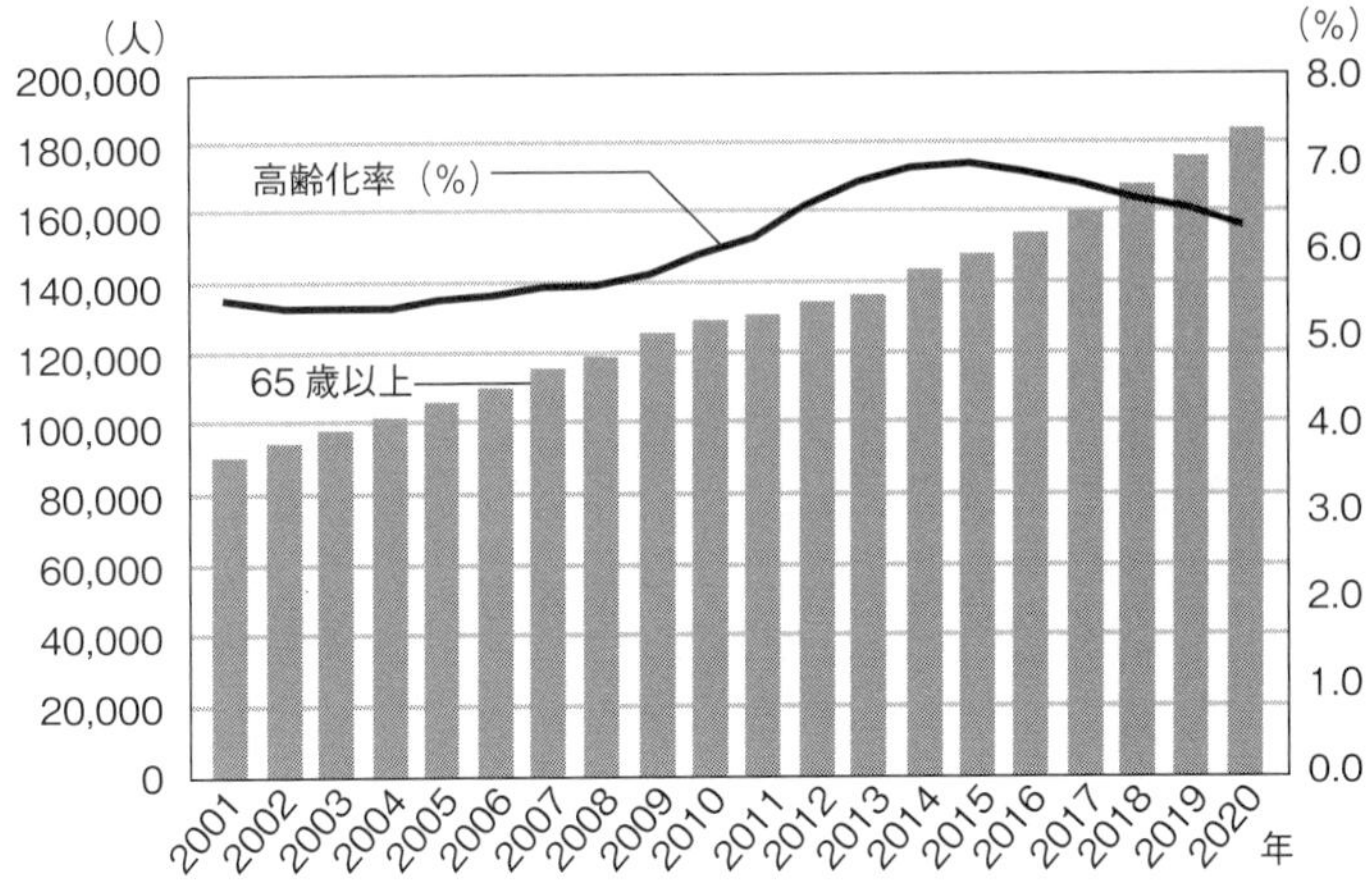

3　在留資格別人口と割合（2019 年末）

在留資格	人数	%
教授	7,354	0.25
芸術	489	0.02
宗教	4,285	0.15
報道	220	0.01
高度専門職 1 号・2 号	14,924	0.51
経営・管理	27,249	0.93
法律・会計業務	145	0.00
医療	2,269	0.08
研究	1,480	0.05
教育	13,331	0.45
技術・人文知識・国際業務	271,999	9.27
企業内転勤	18,193	0.62
介護	592	0.02
興行	2,508	0.09
技能	41,692	1.42
特定技能 1 号・2 号	1,621	0.06
技能実習 1 号・2 号・3 号	410,972	14.01
文化活動	3,013	0.10
留学	345,791	11.79
研修	1,177	0.04
家族滞在	201,423	6.87
特定活動	65,187	2.22
永住者	793,164	27.04
日本人の配偶者等	145,254	4.95
永住者の配偶者等	41,517	1.42
定住者	204,787	6.98
特別永住者	312,501	10.65
総計	2,933,137	

4　在留外国人の国籍（地域）別人口割合（2019 年末）

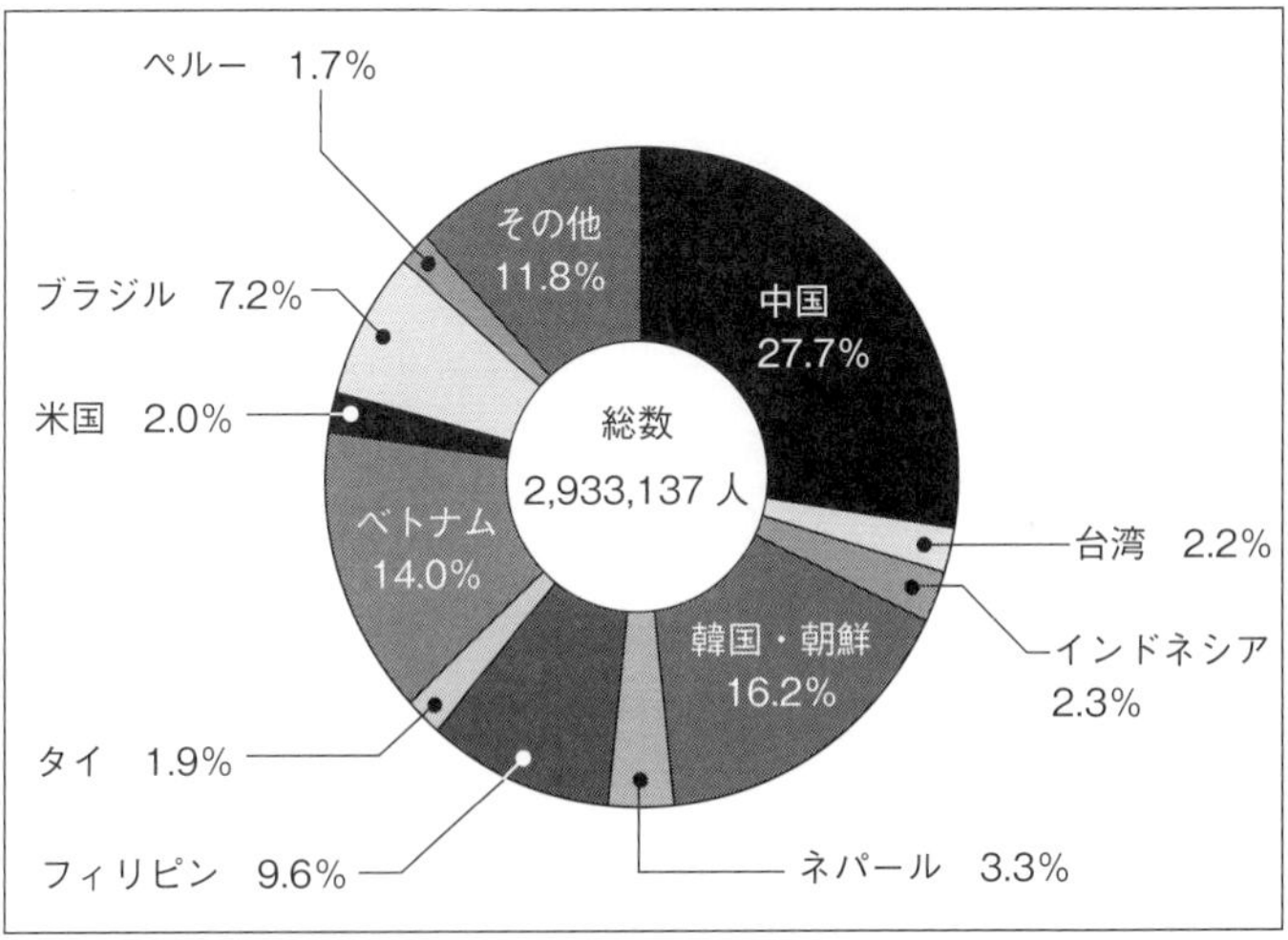

5　65 歳以上在留外国人の国籍（地域）別人口割合（2019 年末）

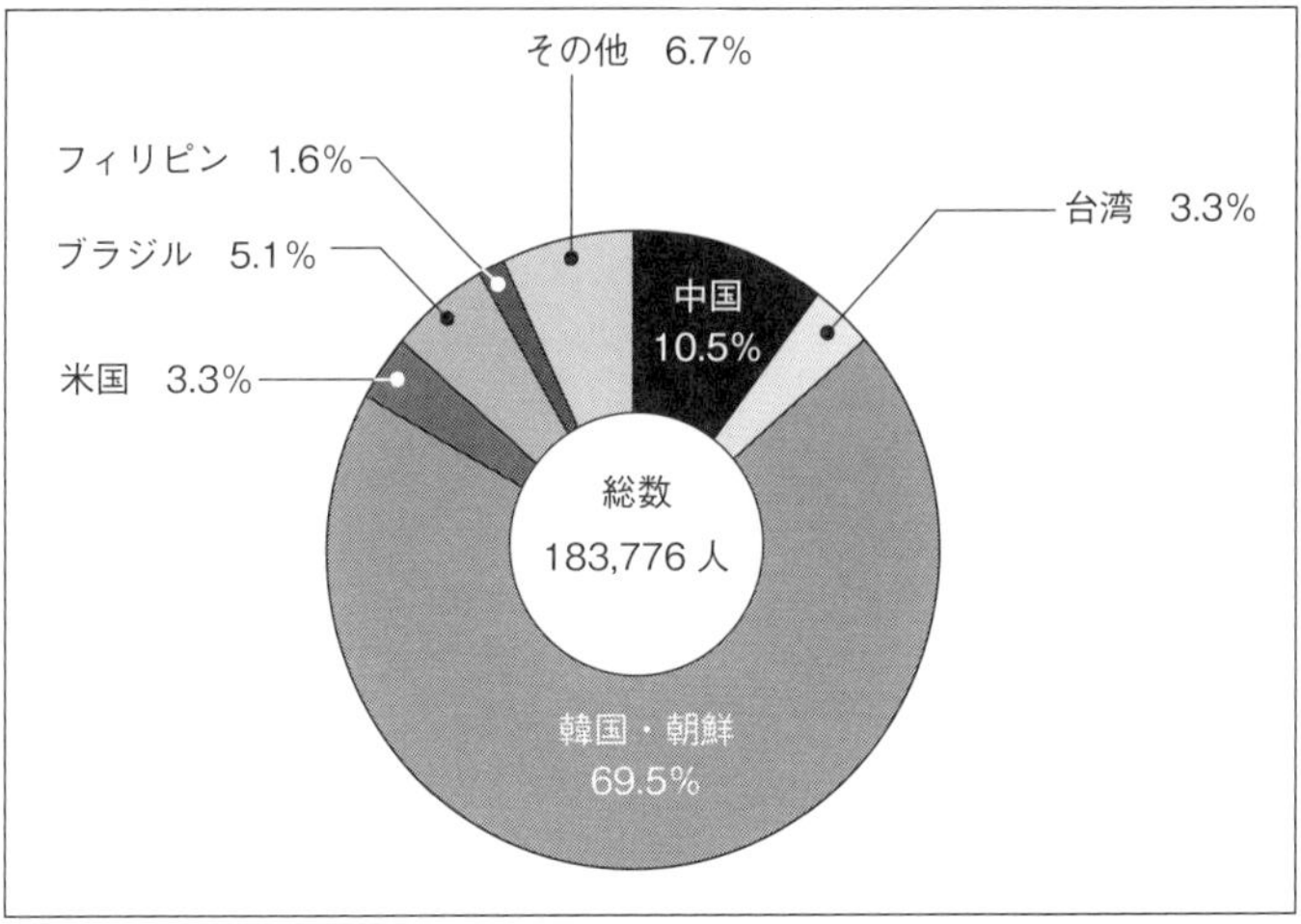

6　在留外国人総数上位30自治体

順位	市区町村	在留外国人総数
1	東京都新宿区	43,499
2	東京都江戸川区	39,392
3	川口市	39,217
4	東京都足立区	34,730
5	東京都江東区	32,075
6	東京都豊島区	30,262
7	東京都板橋区	29,333
8	大阪市生野区	28,395
9	東京都大田区	26,026
10	東京都北区	23,978
11	東京都世田谷区	23,965
12	東京都葛飾区	23,630
13	東京都練馬区	22,067
14	東京都港区	21,512
15	東京都中野区	20,526
16	東京都荒川区	19,684
17	豊橋市	19,564
18	豊田市	19,274
19	船橋市	19,174
20	東大阪市	19,029
21	東京都杉並区	18,999
22	市川市	18,303
23	横浜市中区	17,884
24	松戸市	17,536
25	川崎市川崎区	17,273
26	東京都台東区	16,091
27	東京都品川区	14,482
28	横浜市鶴見区	14,185
29	伊勢崎市	13,595
30	神戸市中央区	13,553

出典 1～5：法務省「在留外国人統計」より筆者作成、6：同資料より引用

移住の国際動向

明石 留美子（あかし るみこ）【プロフィールは 23 頁】

グローバル化に伴い、人々の国境を越えた移住が増している。ここでは、経済協力開発機構（Organisation for Economic Co-operation and Development: OECD）のデータをもとに、人々のグローバルな移住について、(1)本書で取り上げたアメリカ、ドイツ、イギリス、韓国、日本への移民（定住者）の流入、(2)移民の入国区分、(3)移民の出身国、(4)外国生まれの人口割合の 4 つの動向を示す。

図 1　移民（定住者）の流入の動向（2010 − 2019 年）

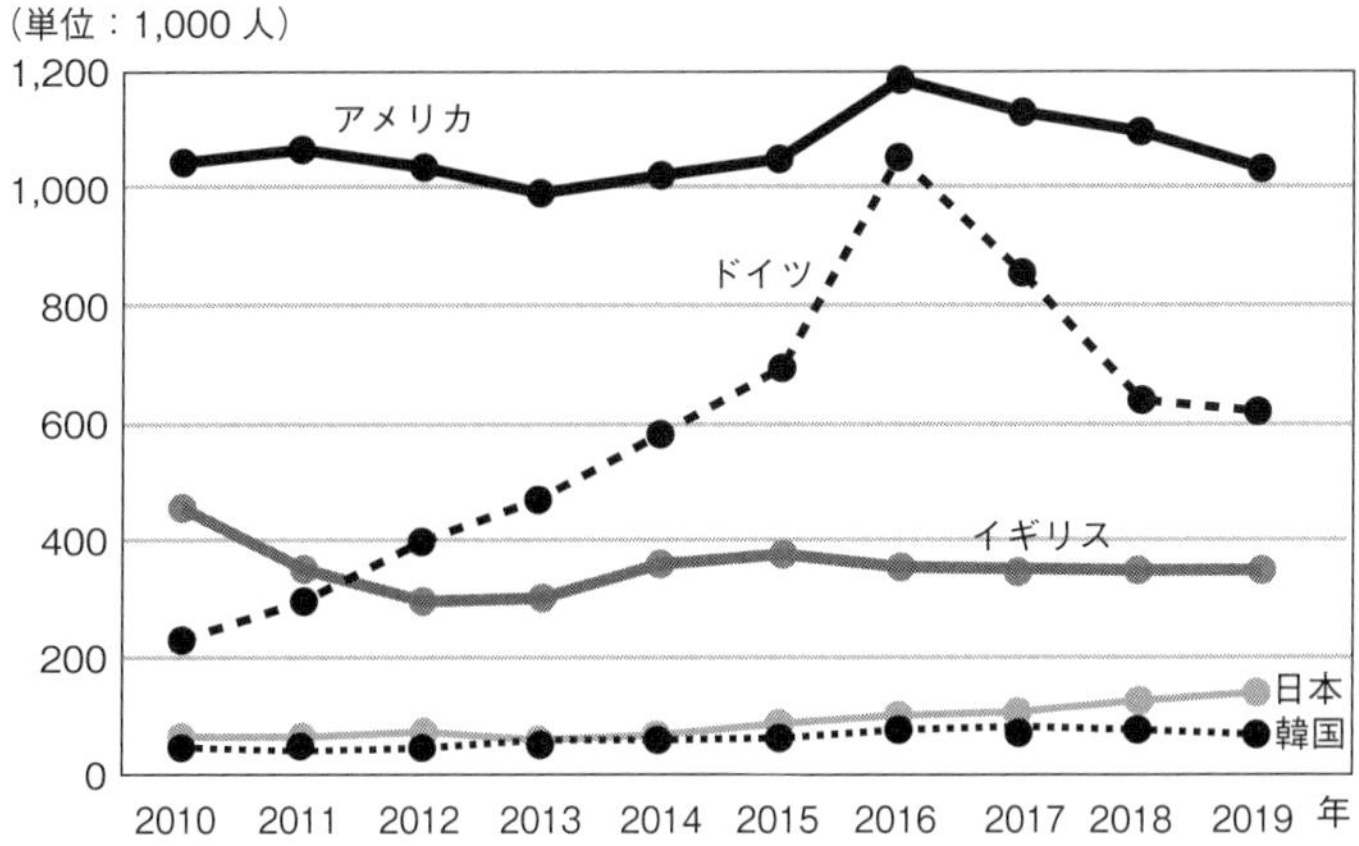

図 1 は、アメリカ、ドイツ、イギリス、韓国、日本（本書で取り上げた 5 ヵ国）への移民（定住者）の流入について 2010 − 2019 年（2019 年は推計値）の推移を表している。流入者数はアメリカとドイツが圧倒的に多いが、2016 年をピークに減少していることがわかる。これは同年に人道支援を求めての両国への移住が減少したことによるといえよう。一方、日本と韓国では増加傾向が見られる。OECD 諸国の多くで移民の流入は増加し、2018 年の OECD 諸国への新規移住者は 530 万人に上った。

注：定住者（permanent immigrants）とは、移住先の国家によって定住者としてみなされた外国人をいう。

データ：OECD International Migration Database

StatLink https://stat.link/q8o9pi

図 2　OECD 諸国への移民（定住者）の入国区分別動向（2010 − 2018 年）

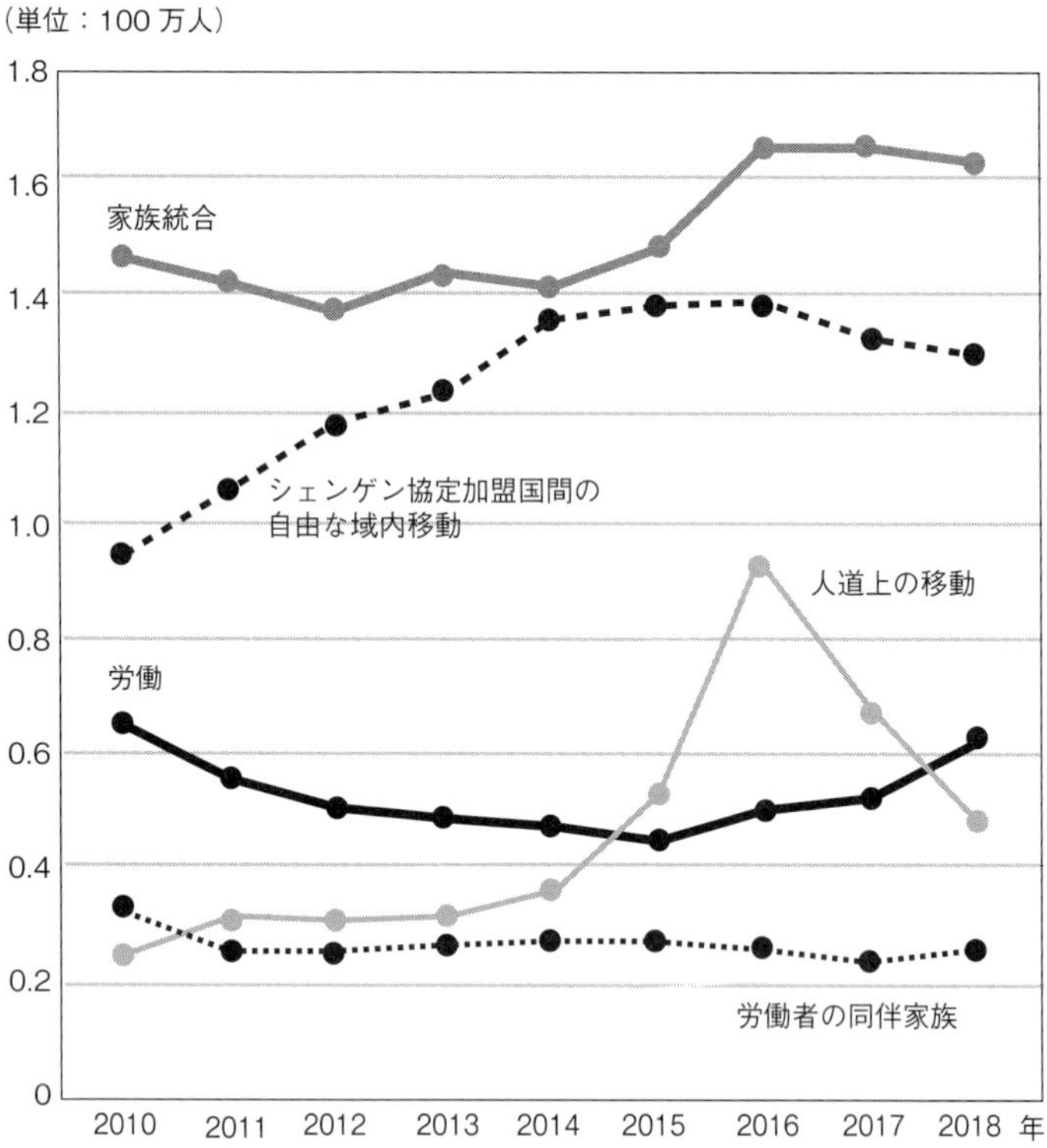

図 2 は、OECD 諸国に入国する移民（定住者）の入国区分の動向を示している。2010 − 2018 年に最も多かったのは、すでに移住している家族への統合である。家族統合はアメリカで最も多く、イギリス、日本でも増加傾向が見られている。労働者の移住も増加しており、2019 年には OECD 諸国全体で前年比 13％増となった。2017 − 18 年のデータでは、外国からの労働者の受け入れはドイツで 5％、アメリカでは 1％の微増であったのに対し、日本では 24％、韓国で 20％、イギリスでは 17％の大幅増加となった。一方、OECD 諸国への人道上の理由による入国は 2016 年をピークに急速に減少している。
データ：OECD International Migration Database
StatLink https://stat.link/8nksya

図3　OECD 諸国への移民の出身国上位 10 国（2017 年・2018 年）

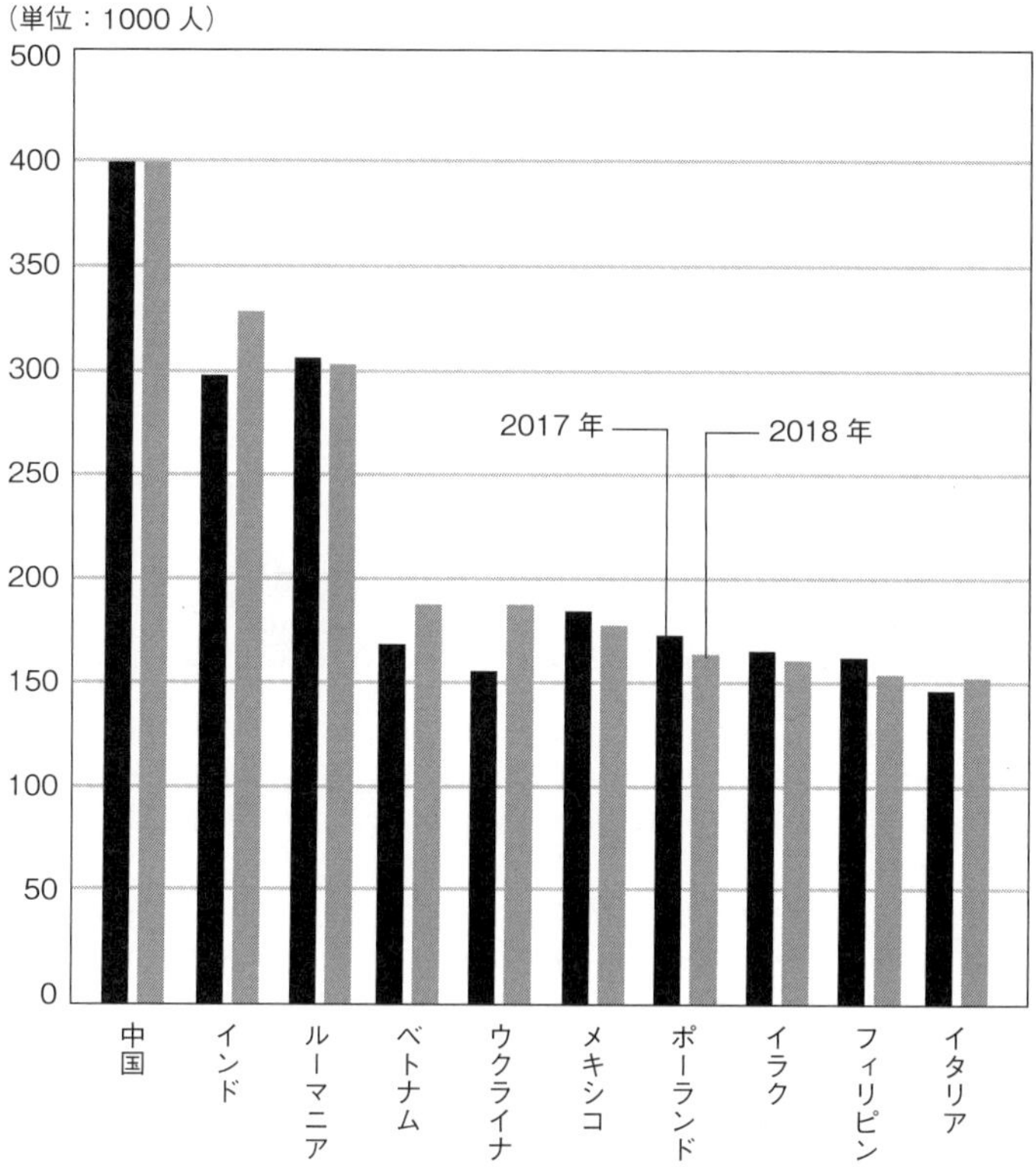

図3は、OECD 諸国への移民（定住者）の出身国上位 10 カ国を示している。過去 10 年間、OECD 諸国に最も多く移民を出している国は中国である。2018 年の中国からの移民は 43 万人で、OECD 諸国への移住の 6.5％に相当した。同年、中国からアメリカとオーストラリアへの移住が減少した一方で、日本と韓国への移住が増加した。次に移民を多く出している国はインドで、2018 年には前年比 10％増の 33 万人（OECD 諸国への移住の 5％相当）が OECD 諸国のいずれかに移住した。インド移民の最も大きな移住先はカナダである。

データ：OECD International Migration Database

StatLink https://stat.link/7b415t

図 4　総人口における外国生まれの人口割合（2000 年・2019 年）

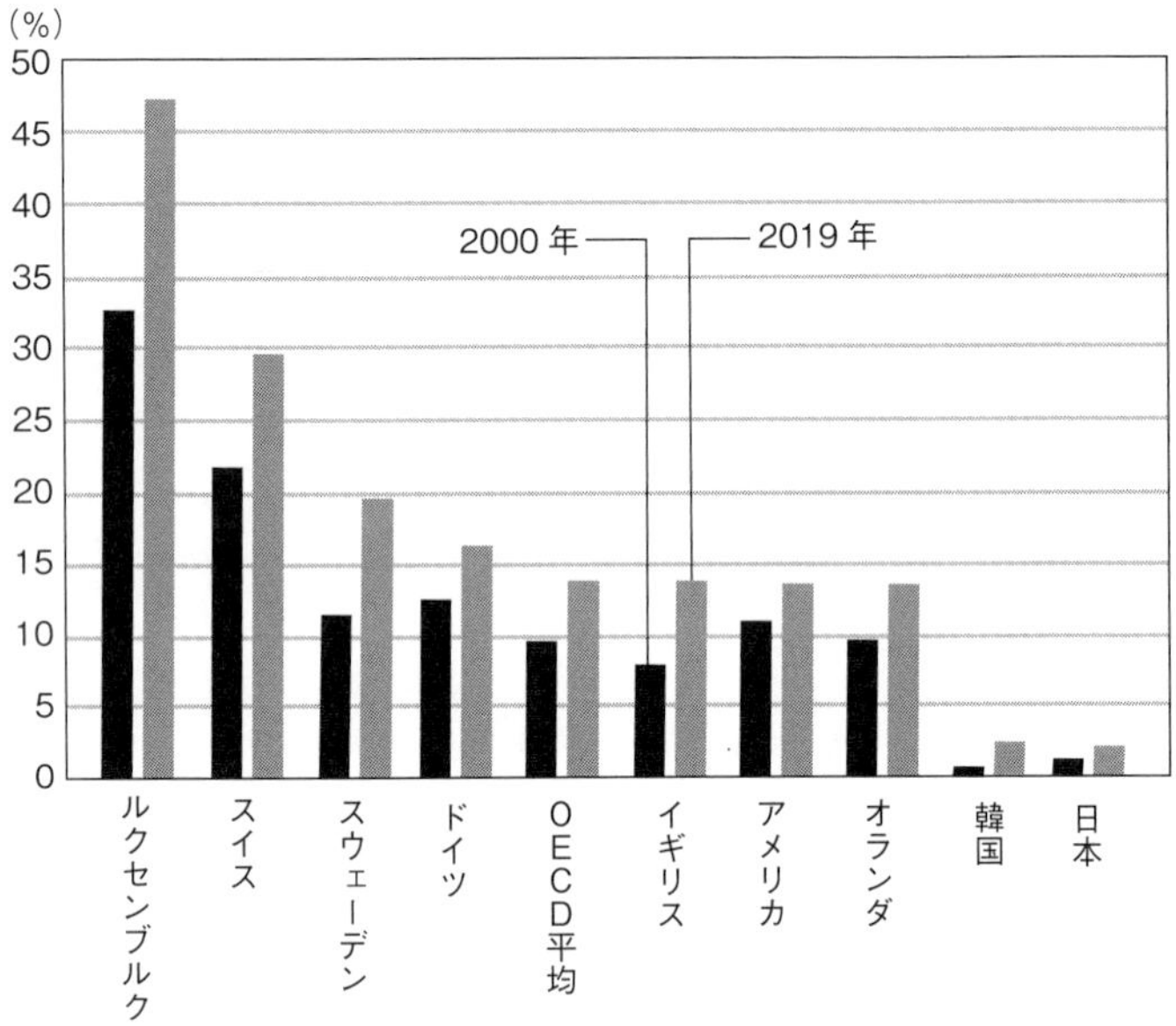

図 4 は、OECD 諸国の総人口における外国生まれの人口の割合の推移を提示している。2000 年から 2019 年までの間に、ほとんどの OECD 諸国では外国生まれの人口が増加した。ルクセンブルグでは 15%の増加となり、OECD 諸国のなかで外国生まれの人口割合が最も大きく（47%）、国民の半数近くが外国生まれである。イギリスでは 2019 年には国民の 10 人に 1 人以上（13.7%）が外国生まれであった。日本と韓国でも増加の傾向にあるが、それぞれ 2.2%、2.4%と、総人口に占める外国生まれの人口は少ない。

データ：OECD International Migration Database

StatLink https://stat.link/cn6uy3

これらの図からも、OECD 諸国のほとんどで外国からの移住が増加していることが理解できる。しかし社会の多民族化は欧米諸国に比べ、韓国、日本では進展しておらず、欧米の先進事例から両国が学ぶことは多い。なお、OECD が意味する移民（定住者）とは、各国に共通の基準や定義を用いて説明する概念ではなく、各国が定めた定住の定義に基づくものであることに留意されたい。

多文化共創社会への33の提言

気づき愛 Global Awareness

定価はカバーに表示してあります。

2021年5月8日　初版発行

編集代表者　**川村千鶴子**

共編者　**明石留美子、阿部治子、加藤丈太郎**
マハルザン・ラビ、万城目正雄、李錦純

発行者　吉田　実

発行所　株式会社**都政新報社**
〒160-0023
東京都新宿区西新宿7-23-1　TSビル6階
電 話：03（5330）8788
FAX：03（5330）8904
ホームページ　http://www.toseishimpo.co.jp/

デザイン　荒瀬光治（あむ）

印刷・製本　藤原印刷株式会社

ISBN978-4-88614-264-1 C0036

都政新報社の本

それでも児童相談所は前へ

激動の現場で子どもの笑顔を守り続けた
その仲間たちとの記録

奥田晃久、長田淳子著
四六判、250頁、1800円（税込）
ISBN978-4-88614-262-7

東京23区などで進む児相の新設で何が変わる？ 現場職員の活躍を盛りだくさんのエピソードで紹介。家庭養護の推進が国から求められる中、イメージしにくい「フォスタリング事業」についても分かりやすく解説。児相を新たに設置する各自治体にとっても必見の書！

欧米に学ぶ 健康快適都市

新時代を生きる市民による都市像とは

原田敬美著
四六判、360頁、2750円（税込）
ISBN978-4-88614-258-0

日本と似て非なる欧米の建築・都市・地方自治を紹介する。古臭いと言うなかれ。今なお日本にとって学ぶべき教科書である。本書は、前・港区長が50年にわたって調査・研究したフィールドワークの集大成。パンデミック後の都市像も提案する。